Historia de Egipto

Un apasionante repaso a la historia de Egipto

Índice

Introducción

Egipto es un país vibrante que atrae a millones de visitantes cada año. Personas de todo el mundo acuden a la patria de los faraones para recorrer el Nilo y visitar sus monumentos históricos. Aunque es un hermoso país con una fascinante mezcla de culturas, gran parte de su atractivo se debe a su ilustre y enigmática historia. Desde los magníficos palacios hasta las imponentes pirámides, la historia de Egipto forma parte del paisaje, lo que le permite encajar perfectamente en el brillante presente y futuro de Egipto. Sin embargo, el país es mucho más que un puñado de antiguas pirámides y templos. Este libro llevará al lector a un exhaustivo recorrido por la historia antigua, medieval y moderna de Egipto, que profundizará en su aprecio por este magnífico país.

La primera parte de este libro ofrece una breve pero completa visión general del antiguo Egipto y de las poderosas dinastías que lo gobernaron. Descubra cómo el Bajo y el Alto Egipto se convirtieron en un país que produjo impresionantes obras de arte. Estas dinastías formaban una parte integral del imperio egipcio. Los reyes estaban asociados a lo divino y gobernaban con puño de hierro. Conozca algunos de los reyes más importantes y lo que hicieron con sus reinados divinos.

La segunda parte de este libro deja atrás a los faraones y las pirámides. Continúa con la toma de posesión griega y romana, que puso fin al dominio egipcio independiente e introdujo nuevas dinastías y culturas gobernantes. Por ejemplo, el reino ptolemaico fue una familia gobernante greco-egipcia única con una historia dramática que ha sido objeto de libros, películas y arte durante siglos. Sin embargo, en este periodo hay algo más que gobernantes de sobresalientes, ya que el Nilo se convirtió en un puerto clave que generaba comercio para el país. Durante esta época, Egipto se convirtió en un centro de filosofía y atrajo a famosos eruditos. Con el tiempo, Egipto se convirtió en un país musulmán y tuvo que luchar ferozmente por su independencia.

En la siguiente sección se hablará de la sociedad egipcia a través de los tiempos. Desde la antigüedad hasta los tiempos modernos, la estructura de la sociedad ha contribuido al funcionamiento del país. Esta sección examinará factores como el río Nilo y su impacto en la sociedad y la economía. También se analizará la religión, el arte, la arquitectura y la lengua, que tuvieron un impacto inconmensurable en el país en su conjunto.

Por último, los últimos capítulos del libro se dedicarán a analizar algunas de las figuras más importantes de la historia egipcia. Descubra al niño rey Tutankamón, que gobernó durante unos pocos años y cuya muerte inesperada aseguró su legado duradero. La historia de su tumba maldita ha sido objeto de fascinación durante años y ha abierto un debate más amplio sobre la conservación de los tesoros egipcios. Aunque Egipto fue gobernado mayoritariamente por hombres, hubo mujeres que consiguieron gobernar por derecho propio, como Hatshepsut y Cleopatra.

Con el tiempo, la época de los faraones pasó, y los griegos y los romanos perdieron el control de la zona, lo que permitió a los sultanes hacerse con el poder. Descubra la historia de Saladino, el primer sultán de Egipto que inauguró un periodo de grandes cambios para el país. El sistema político del antiguo Egipto era más grande que la vida y estaba plagado de peligros, pero la política del Egipto moderno no es menos intrigante. Descubra más sobre Hosni Mubarak y Mohamed Morsi, ambos presidentes egipcios que se enfrentaron a retos monumentales durante su mandato.

La historia de Egipto es mucho más que su periodo antiguo, y eso es algo que este libro se propone demostrar. Algunos de los acontecimientos más fundamentales de la ilustre historia de Egipto han sido expuestos en un formato sencillo que permite al lector descubrir los secretos de Egipto sin que pierda el interés o se pierda en un laberinto de descripciones eruditas. La lectura de este libro es como un recorrido sin prisas por la brillante historia de Egipto y le proporcionará una visión general del impacto de este país en el mundo en general.

Egipto es uno de los países más bellos del mundo, y su historia no hace sino aumentar su atractivo. Permita que este libro profundice en su comprensión y aprecio por el hogar de los faraones.

PRIMERA PARTE:
Una visión general del Antiguo Egipto (3150-330 a. C.)

Capítulo 1: El inicio del Antiguo Egipto (3150-2180 a. C.)

El imperio egipcio existió durante siglos y experimentó varios periodos de cambios significativos. Esto dificulta el seguimiento de la historia de Egipto, por lo que los historiadores agrupan la historia del antiguo Egipto en diferentes reinos y periodos intermedios. Una dinastía en la historia del antiguo Egipto se refiere a gobernantes que compartían ancestros u orígenes. Hubo treinta y dos dinastías faraónicas comúnmente aceptadas. El primero de estos periodos fue el Dinástico Temprano, que comenzó poco después de que el Alto y el Bajo Egipto se unieran. Después vino el Reino Antiguo, que también se conoce como la «era de las pirámides». Durante esta época, los grandes reyes egipcios construyeron las famosas pirámides que todavía atraen a los visitantes a Egipto.

Antes de que Egipto fuera un imperio próspero, la región estaba formada por varias sociedades neolíticas que se asentaban a lo largo de las orillas del Nilo. El río proporcionaba a estas comunidades todo lo que necesitaban para prosperar. Con el tiempo, estas sociedades formaron reinos que se conocieron como el Alto y el Bajo Egipto. Estos dos reinos se enfrentaron con frecuencia. Su rivalidad se convirtió en una leyenda y puede haber sido la base de uno de los mitos más perdurables de Egipto. Sin embargo, los reinos acabaron uniéndose bajo un solo gobernante, el legendario Menes, que constituyó la base del imperio egipcio.

Sociedades egipcias neolíticas

Durante miles de años, las comunidades neolíticas vivieron a lo largo de las orillas del Nilo y se construyeron una vida cómoda. Durante el periodo comprendido entre el 9300 y el 4000 a. C., Egipto fue el hogar de un grupo diverso de personas que no se conocen bien porque las pruebas de su existencia han quedado cubiertas por las llanuras de inundación o el desierto circundante. Hace miles de años, las regiones que ahora son áridas llanuras desérticas fueron en su día tierras exuberantes y fértiles. Esas condiciones atrajeron a los agricultores neolíticos para que criaran sus cultivos y rebaños en Egipto. No se sabe mucho sobre este pueblo, ya que no ha sido estudiado tan extensamente como sus sucesores, pero algunos enterramientos y sitios antiguos han arrojado luz sobre estas misteriosas tribus.

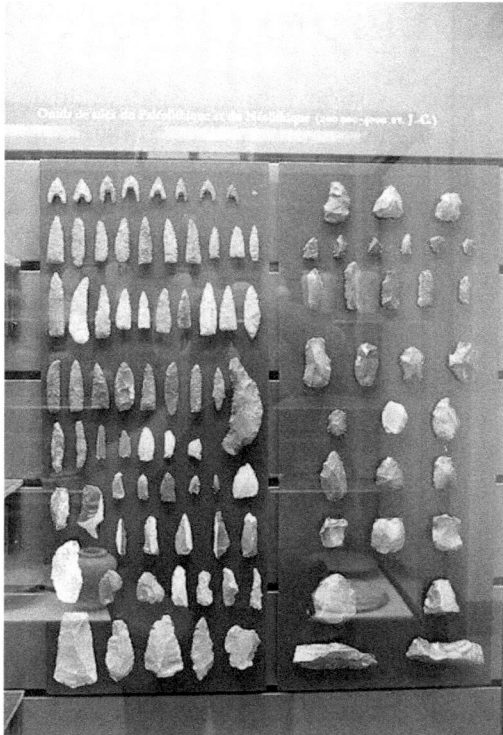

Armas y herramientas de piedra egipcias del Paleolítico y el Neolítico
Gary Todd de Xinzheng, China, CC0, vía Wikimedia Commons;
https://commons.wikimedia.org/wiki/File:Ancient_Egypt_Paleolithic_%26_Neolithic_Ston
e_Weapons_%26_Tools_(28426678975).jpg

Los historiadores han encontrado pruebas de megalitos, círculos calendáricos y santuarios, que indican que los pueblos neolíticos practicaban religiones elaboradas y distintas. Con el tiempo, estas tribus neolíticas empezaron a desarrollar ritos funerarios y a enterrar a sus muertos en cementerios específicos. Los arqueólogos encontraron cerámica, conchas, joyas, herramientas y armas enterradas con los muertos. Algunos de estos cementerios revelaron secretos sorprendentes. Se encontraron algunos cementerios con personas de más de cincuenta años, una edad impresionante para la época, pero Egipto también alberga el cementerio infantil más antiguo del mundo, en el que había mujeres con sus hijos, fetos tardíos y bebés.

Estas tumbas han permitido a los historiadores descorrer las cortinas del tiempo, ya que contienen numerosas pistas sobre las personas enterradas en ellas. Por ejemplo, está claro que estas comunidades neolíticas tenían estructuras sociales rígidas, ya que las tumbas con personas mayores probablemente pertenecían a la élite, mientras que las tumbas con personas más jóvenes podrían haber pertenecido a trabajadores más pobres. Estas culturas pueden haber practicado la poligamia, y es probable que las familias fueran enterradas juntas. Se mostraba un gran respeto a los muertos, lo que puede haber contribuido a las creencias posteriores sobre los muertos. Está claro que, aunque los primeros pobladores neolíticos del antiguo Egipto se han perdido en su mayor parte para la historia, tuvieron un claro impacto en las personas que posteriormente poblaron Egipto. Con el tiempo, estas tribus formaron dos reinos distintos: El Alto y el Bajo Egipto.

El Alto Egipto

La región que constituía el Alto Egipto abarcaba desde El Cairo hasta el lago Nasser. También se conocía como la «tierra de la cebada» y comprendía todas las tierras entre el Nilo y Nubia. Durante cientos de años, la capital del Alto Egipto fue Nejen, que era la ciudad patrona de la diosa Nejbet, con aspecto de buitre. Cuando los dos reinos se unieron, se convirtió en la diosa patrona de toda la región, elevando su estatus de diosa local a deidad más influyente.

Los habitantes del Alto Egipto antes de la unificación eran en su mayoría agricultores y pastores. Cultivaban farro, lentejas, sésamo, trigo, cebada y papiro. Con el tiempo, el Alto Egipto produjo cultivos como el ajo, la caña de azúcar, la cebolla, la lechuga y los garbanzos. La tierra era fértil gracias al Nilo, lo que significaba que la gente tenía más que suficiente para comer. El Nilo era una parte integral de sus vidas, ya que sus inundaciones permitían que la tierra siguiera siendo fértil y evitaban que sus tierras se convirtieran en llanuras desérticas.

Durante esta época, la gente comenzó a desarrollar una cerámica distintiva y a trabajar con cobre. También empezaron a fabricar ladrillos de barro similares a los que se utilizaban en Mesopotamia, y utilizaron paredes empotradas y arcos en sus edificios. Estos elementos decorativos eran impresionantes para la época y habrían conducido al desarrollo de técnicas arquitectónicas más decorativas. Los habitantes del Alto Egipto estaban acostumbrados a la guerra, ya que se enfrentaban con frecuencia al Bajo Egipto.

El Bajo Egipto

El Bajo Egipto estaba formado por la región del delta del río Nilo que llegaba hasta el mar Mediterráneo. Puede que ya se haya dado cuenta, pero el Nilo corre de sur a norte, a diferencia de la mayoría de los ríos. La región del delta era famosa por estar bien regada gracias a varios canales y acequias que se ramificaban desde el Nilo, lo que hacía que grandes extensiones de tierra fueran increíblemente fértiles. La capital del Bajo Egipto era la ciudad de Menfis, que era la ciudad patrona de la diosa Wadjet. Esta diosa se representaba a menudo como una cobra. Con el tiempo, los dos reinos se unificaron, y las dos diosas, Wadjet y Nejbet, se representaban a menudo juntas y pasaron a ser conocidas como las Dos Damas.

Aunque los dos reinos acabaron unificándose, seguían teniendo culturas distintas que compartían algunas similitudes, pero que en última instancia eran únicas. Estas culturas distintas estaban representadas por la Pschent o doble corona de Egipto, que llevaba el gobernante. La corona consistía en el Hedjet, que era la corona blanca que representaba el Alto Egipto, y el Deshret, que era la corona roja que representaba el Bajo Egipto. La unión de los dos reinos se convirtió en un tema común en la iconografía egipcia. Algunas de estas imágenes representaban a las diosas Wadjet y Nejbet, mientras que otras mostraban a los dioses Horus y Seth anudando plantas de papiro y caña, que representaban los dos reinos. Los dos reinos separados cobraron importancia durante la última etapa del Egipto prehistórico, y su unificación marcaría una nueva era. Los antiguos egipcios atribuyeron la unificación de los dos reinos a Menes, identificado por los historiadores como el rey Narmer.

El rey Narmer

La unificación del Alto y el Bajo Egipto fue una hazaña triunfal que durante mucho tiempo se atribuyó a un hombre llamado Menes. Durante años, los historiadores aceptaron que Menes estuvo a la altura del reto de unificar los dos reinos, pero esto se hizo difícil, ya que no pudieron localizar su gobierno en el registro histórico. Otro problema era que Menes era simplemente un honorífico, que significa «el que perdura». Finalmente, los historiadores llegaron a la conclusión de que Menes era probablemente el rey Narmer, que los historiadores creían que gobernaba poco antes de la unificación. Conjeturaron que Narmer era conocido como Menes después de unificar las regiones, y hay pruebas de que llevaba las coronas del Alto y el Bajo Egipto, lo que da credibilidad a esta teoría.

El rey Narmer tallado en una paleta de pizarra
https://commons.wikimedia.org/wiki/File:EB1911_Egypt_-_Early_Art_-_King_Narmer,_Slate_Palette.jpg

Si esto es cierto, entonces Narmer fue el primer rey de Egipto. Los historiadores creen que Narmer era originario del Alto Egipto y procedía de la ciudad de Tinis. Comenzó a conquistar los estados alrededor de su reino antes de pasar al Bajo Egipto. Algunos creen que se apoderó pacíficamente del Bajo Egipto, aunque la Paleta de Narmer, un artefacto que contiene algunos de los primeros jeroglíficos de la región, representa a Narmer como un poderoso guerrero. Sea cual sea el medio utilizado, Narmer consiguió unificar el Alto y el Bajo Egipto alrededor del año 3150 a. C.

Durante años, el Alto Egipto se había convertido rápidamente en una civilización más urbana que comerciaba con otras culturas, mientras que el Bajo Egipto era algo más rural, lo que puede haber ayudado a la unificación. Narmer parece haber sido un buen rey que gobernó pacíficamente. Cuando murió, es posible que su esposa, Neithotep, gobernara durante algún tiempo, ya que su tumba era elaborada y mostraba que gozó de un estatus importante durante su vida.

La rivalidad entre Horus y Seth

En la antigua religión egipcia, Horus era un dios representado por un halcón. Su ojo derecho representaba el sol y el poder, mientras que el ojo izquierdo representaba la luna y la curación. A menudo se lo mencionaba en relación con el dios Seth, y se los presentaba como enemigos mortales. Seth era un dios embaucador con varios rasgos animales. Era conocido como el dios del desierto, de la guerra y del caos. La reconciliación de Seth y Horus proporcionó la base mítica para la unificación del Bajo y el Alto Egipto. Con el tiempo se pensó que los faraones eran las representaciones vivas de Horus y llevaban coronas dobles que simbolizaban la unidad entre las dos regiones.

Talla que representa a Horus derrotando a Seth

El mito se centra en Osiris, Isis, Horus y Seth. Según el mito, Osiris era el rey de Egipto y descendiente del dios creador Ra. Su reina era Isis, que dio a las mujeres de Egipto los dones de tejer, elaborar cerveza y hornear. La pareja era muy feliz y gobernaba Egipto en armonía. Osiris también estaba asociado con el poder y el gobierno legítimo, lo que contrastaba fuertemente con los poderes de Seth. Con el tiempo, el hermano de Osiris, Seth, se puso celoso de él y quiso reclamar la realeza para sí mismo. Seth construyó un cofre de madera adornado y lo recubrió de plomo. El embaucador consiguió atrapar a Osiris en el cofre y lo arrojó al Nilo.

Osiris murió, y en su ausencia, Seth se convirtió en rey. Sin embargo, Isis no estaba dispuesta a olvidar a su marido. Buscó su cuerpo por todas partes. Finalmente, encontró el cofre de madera en el Nilo y lo llevó a su casa. Cuando Seth descubrió lo que Isis había hecho, cortó el cuerpo de Osiris en pedazos y los esparció por todo el mundo. Isis y su hermana, Neftis, localizaron todos los trozos y volvieron a unir a Osiris con vendas. Por desgracia, faltaba el pene de Osiris, pero Isis utilizó la magia para recomponer a su marido. Sin embargo, no estaba ni vivo ni muerto y se convirtió en la primera momia. Nueve meses después, Isis tuvo un hijo y lo llamó Horus.

Cuando Horus tuvo la edad suficiente, desafió a Seth, ya que era el legítimo gobernante de Egipto. Seth y Horus lucharon, y en la sangrienta batalla, el ojo izquierdo de Horus quedó dañado. Esto dio lugar a la explicación de las fases de la luna. Horus y Seth lucharon en múltiples ocasiones, pero con el tiempo se reconciliaron.

El rey Zoser e Imhotep

El rey Zoser se convirtió en el rey de Egipto alrededor del 2650 a. C. y es conocido por sus grandes proyectos de construcción, incluyendo la primera pirámide de Egipto. Fue el primer rey de la III dinastía (aunque algunas fuentes afirman que fue el segundo) y comenzó a encargar proyectos de construcción casi desde que subió al trono. En su reinado se produjeron grandes innovaciones en la arquitectura, como el avance de los diseños, el simbolismo y las ornamentaciones. Zoser aseguró las fronteras de Egipto y el país se mantuvo estable durante la mayor parte de su reinado, que duró unas dos décadas. Su tumba, la Pirámide Escalonada de Saqqara, fue construida bajo la dirección de su visir, Imhotep, y fue el edificio más alto del mundo en aquella época.

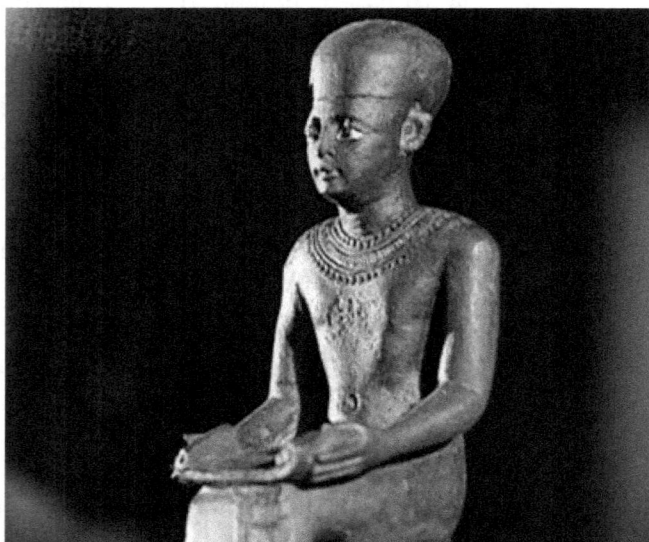

Estatua de Imhotep

Cstew1996, CC0, vía Wikimedia Commons; https://commons.wikimedia.org/wiki/File:Imhotep8.jpg

Aunque Zoser fue un buen rey, gran parte de su éxito se debió a las capacidades de su visir, el famoso Imhotep. Tras la muerte de Imhotep, fue deificado y se convirtió en el dios de la medicina y la sabiduría. Durante su vida, Imhotep fue un consumado poeta, polímata, médico, arquitecto y astrónomo. Aunque es más conocido por haber supervisado la pirámide escalonada de Zoser, también escribió tratados sobre enfermedades y lesiones que hicieron avanzar el campo de la medicina de la época. Aunque comenzó como sacerdote, ascendió rápidamente hasta convertirse en uno de los hombres más importantes de Egipto.

Bajo su dirección, la Pirámide Escalonada se elevó a unos sesenta y dos metros de altura e incluía un complejo que albergaba un templo, santuarios, patios y un espacio de vida para los sacerdotes. Incluía muchos símbolos religiosos importantes y atraía a viajeros de todas partes.

El rey Seneferu

El rey Seneferu fue el primer rey de la IV dinastía y comenzó a gobernar alrededor del año 2575 a. C. Su reinado fue el punto álgido del Reino Antiguo y perfeccionó el arte de la construcción de pirámides. Seneferu inauguró una edad de oro y construyó dos pirámides en Dahshur. Su pirámide de Meidum se conoce como la «falsa pirámide» porque descansa sobre un enorme montón de tierra y se asemeja a una torre en lugar de una pirámide. Aunque la pirámide era indudablemente impresionante, acabó derrumbándose algún tiempo después de su construcción, ya que sus cimientos estaban hechos de arena en lugar de roca. Es probable que los constructores utilizaran el diseño original de Imhotep, pero hicieron algunas modificaciones que condujeron a su derrumbe.

Seneferu era conocido por ser un rey competente que consiguió estabilizar su país y ganar muchas batallas contra Nubia y Libia. Construyó varias pirámides, incluida la Pirámide Roja, que es la primera pirámide verdadera de Egipto. (Una pirámide «verdadera» es la que tiene lados lisos, no escalonados). Los primeros intentos de Seneferu no alcanzaron su objetivo, pero no se detuvo hasta crear la pirámide perfecta. Aunque encargó muchos proyectos, su país no sufrió por sus ambiciones y Egipto se mantuvo estable bajo su reinado.

Las pirámides de Guiza

Gracias a los esfuerzos del rey Seneferu, sus sucesores dispusieron de los planos para construir verdaderas y duraderas pirámides. Como resultado, los tres reyes siguientes construyeron las famosas Pirámides de Guiza. Jufu sucedió a Seneferu en el trono. Los griegos lo consideraban un tirano que abusaba de su poder. Según sus registros, obligó a su pueblo a la esclavitud. Herodoto afirmó que Jufu introdujo varios males en su reino y reclutó a cientos de miles de hombres para que trabajaran sin remuneración en su pirámide. También afirmó que este gobernante sin escrúpulos obligó a su propia hija a trabajar en burdeles para conseguir dinero para su proyecto. Sin embargo, las fuentes egipcias afirman que era un buen rey que cuidaba de sus trabajadores y que solo contrataba hombres en las épocas en las que no se podía cultivar debido a las inundaciones del Nilo.

Posteriormente, Jefrén construyó su pirámide junto a la de Jufu y es posible que encargara la Esfinge, ya que el rostro de esta se parece mucho al suyo. Al igual que Jufu, los griegos recordaban a Jefrén como un tirano opresor, pero no quedan muchas pruebas de su reinado para refutar estas afirmaciones. Le sucedió su hijo, Menkaura, que construyó su propio complejo de templos en Guiza y fue alabado tanto por los griegos como por los egipcios. Desgraciadamente, parece que los abundantes recursos de Egipto habían empezado a menguar bajo el peso de proyectos de construcción tan masivos, y el complejo de Menkaura era algo más pequeño que las tumbas de sus predecesores.

La V y VI dinastía

Uno de los actos duraderos del rey Seneferu fue aliar su reinado con el culto al dios Ra. Uno de sus sucesores, Dyedefra, afirmó que los reyes egipcios eran los hijos de Ra en lugar de la encarnación viva de Ra. Este acto permitió que los sacerdotes egipcios se hicieran cada vez más poderosos, lo que disminuyó considerablemente la realeza. Durante la V dinastía, una mujer llamada Jentkaus adquirió una importancia increíble, y su tumba es la cuarta pirámide de Guiza, aunque nadie sabe muy bien por qué recibió tan alto honor. Los reyes de la V dinastía son conocidos como los «reyes del sol» porque muchos de ellos tenían nombres que derivaban del dios solar Ra.

Desgraciadamente, la realeza fue perdiendo poder poco a poco a medida que los administradores se hacían más poderosos. La VI dinastía comenzó con el gobierno de Teti, que fue asesinado por sus propios hombres. Los funcionarios del gobierno se atrevieron a construir grandes tumbas que rivalizaban con las de las clases nobles. Pepi II Neferkara fue un rey notable durante este periodo; los textos de la época dicen que gobernó durante casi cien años y que fue un rey capaz al principio. Sin embargo, cuanto más tiempo gobernaba Pepi II, más inestable se volvía el reino. Egipto necesitaba un rey poderoso y enérgico, pero Pepi II se hizo viejo y le faltó brío para marcar la diferencia. El gobierno central se desestabilizó cada vez más y sobrevivió a muchos de sus posibles sucesores. Poco después de su muerte, la VI dinastía terminó, al igual que el Reino Antiguo.

El primer periodo intermedio

En la historia del antiguo Egipto, hubo muchos periodos de prosperidad y estabilidad, así como épocas de inestabilidad. Las épocas de estabilidad se conocen como reinos, mientras que las de inestabilidad se conocen como períodos intermedios. El Reino Antiguo terminó alrededor del año 2181 a. C. y comenzó el Primer Periodo Intermedio. Durante esta época, el gobierno central de Egipto se derrumbó y fue casi completamente ineficaz. Esto permitió a los administradores locales ocuparse de sus propias áreas. Durante muchos años, esos funcionarios habían ido acumulando poder a costa del gobierno. Los distritos egipcios habían sido divididos en nomos por reyes anteriores, y estos administradores eran conocidos como nomarcas. Los nomarcas se hicieron increíblemente ricos y se construyeron lujosas casas y tumbas.

Una terrible sequía empeoró la situación, y la familia real se esforzó por encontrar un heredero adecuado cuando murió Pepi II. El Primer Periodo Intermedio se caracterizó por la desunión, incluyendo las fricciones entre el Alto y el Bajo Egipto. Fue una época de inmensos cambios. No hay monumentos significativos de esta época, y el arte sufrió un poco. Hay pocos registros escritos de este periodo, lo que llevó a muchos a creer que era una época de caos. Sin embargo, parece que las zonas rurales se volvieron más ricas y complejas durante esta época. Sin un rey que empleara sus recursos en monumentos, el pueblo pudo reorientar sus recursos hacia otras actividades.

Fue sin duda una época oscura para la élite social de Egipto, ya que el antiguo orden simplemente dejó de tener importancia. Sin embargo, las clases bajas pudieron permitirse más bienes de lujo, lo que llevó a la producción en masa de muchos artículos que antes estaban reservados a las clases altas. Con el tiempo, los reyes de Egipto lograron poner fin al Primer Periodo Intermedio e introdujeron el Reino Medio. El Primer Periodo Intermedio tuvo un efecto definitivo en la historia egipcia, y el Reino Medio se diferenció del Antiguo en algunos aspectos significativos. Por ejemplo, los reyes del Reino Medio trabajaron con los nomarcas, lo que estabilizó a Egipto y lo convirtió en uno de los imperios más impresionantes de la historia.

Capítulo 2: Surge el Reino Medio (2180-1550 a. C.)

El Reino Medio también se conoce como el «período de reunificación». El Primer Periodo Intermedio fue una época caracterizada por la división política, ya que los nomarcas locales se hicieron con el poder. Durante esta época, la monarquía sufrió mucho y a menudo no tenía los recursos necesarios para atender al resto del reino. Como resultado, los nomarcas locales (funcionarios del gobierno a cargo de los nomos o divisiones territoriales dentro de Egipto) se hicieron cargo de sus territorios, lo que aumentó su influencia. Mientras que la aristocracia veía esta época como un periodo de caos y anarquía, la gente corriente empezó a ganar más dinero y la producción en masa se generalizó.

Sin embargo, se produjeron menos avances significativos en el arte y la arquitectura. Cuando terminó el Primer Periodo Intermedio, le siguió el Reino Medio, que se conoce como la Edad Clásica de Egipto debido al arte que se produjo durante la época. Los historiadores no se ponen de acuerdo sobre cuándo comenzó el Reino Medio. Algunos consideran la XI dinastía como el inicio del Reino Medio, mientras que otros consideran la XII dinastía como la fundadora. Una cosa es segura, Mentuhotep II de la XI dinastía sentó las bases del periodo clásico de Egipto, que elevaría a Egipto a nuevas cotas.

Mentuhotep II

Durante el Primer Periodo Intermedio, Egipto volvió a dividirse en Alto y Bajo Egipto. Heracleópolis era la ciudad más importante del Bajo Egipto, mientras que Tebas se convirtió en la ciudad más poderosa del Alto Egipto. Una vez más, los dos reinos lucharon entre sí por el control supremo. Los antiguos reyes de Egipto intentaron mantener el control desde su lugar de poder en Menfis, pero sus esfuerzos fueron inútiles una vez que los sacerdotes y los nomarcas se hicieron con el poder. Con el tiempo, la monarquía se trasladó a Heracleópolis en un esfuerzo por consolidar su poder, pero fue demasiado poco y demasiado tarde.

Mentuhotep II
https://commons.wikimedia.org/wiki/File:Mentuhotep_II_(detail).jpg

La profundidad a la que se había hundido la monarquía egipcia se hizo evidente cuando un nomarca llamado Intef se rebeló contra la autoridad tradicional alrededor del año 2125 a. C. a monarquía fue incapaz de someterlo, con lo cual logró que Tebas se convirtiera en una potencia importante en la región. Egipto estaba en vías de reunificación, y los sucesores de Intef aumentaron el prestigio y el poder de Tebas. Uno de los sucesores de Intef, Uahanj Intef (Intef II), reclamó el título de «rey del Alto y Bajo Egipto». Sin embargo, fue Mentuhotep II quien unificaría Egipto. Mentuhotep II conquistó otros nomos y los sometió a su dominio. Luego conquistó Heracleópolis y a los nomarcas rivales que constituían una amenaza. Como resultado, reunió el Alto y el Bajo Egipto en un solo reino.

Por fin, Egipto volvió a tener un gobierno central fuerte, lo que dio lugar a más proyectos de construcción, arte y expediciones militares. Durante el Primer Periodo Intermedio, los nomos de Egipto desarrollaron culturas distintas y rasgos únicos que acabarían influyendo en la cultura egipcia en su conjunto. Mentuhotep fue un gobernante competente que se centró en el fortalecimiento de su gobierno, la expansión del comercio y el encargo de varios proyectos de construcción. Mentuhotep construyó un gran templo y un complejo mortuorio (donde fue enterrado) cerca de su querida ciudad de Tebas y murió alrededor de 1957 a. C. Gracias a sus esfuerzos, dejó a Egipto como un país fuerte y rico y se le concedió el honor de ser conocido como el segundo «Menes» de Egipto.

La XI dinastía

Mentuhotep II fue un rey fuerte que centró gran parte de su atención en la reconquista de antiguos territorios que se habían perdido para Egipto desde la caída del Reino Antiguo. También restableció la idea de que los reyes egipcios eran extensiones de los dioses. A menudo llevaba los tocados de Amón-Ra (dios del sol y el aire) y Min (dios de la fertilidad y la cosecha y del ideal masculino egipcio). Estas fueron formas muy efectivas de reforzar su propio poder, ya que el pueblo era menos propenso a cuestionar la autoridad de un dios. Mentuhotep gobernó durante unos cincuenta y un años y pasó el trono a su hijo, Mentuhotep III.

Mentuhotep III gobernó durante algo más de una década y adoptó muchas de las políticas de su padre, que fortalecieron aún más a Egipto. Construyó varias fortalezas en un esfuerzo por proteger a Egipto de las invasiones del este. Cuando Mentuhotep murió, le sucedió Mentuhotep IV.

Gran parte de la información sobre la XI dinastía procede del Canon Real de Turín, que es un manuscrito en papiro del reinado de Ramsés II de la XIX dinastía. Es uno de los registros más detallados de la realeza egipcia. No solo contiene los nombres de los reyes egipcios, sino también las fechas de su reinado. El papiro separa a los reyes en sus correspondientes dinastías. Según la Lista de Turín, a Mentuhotep III le sucedieron siete años sin rey. Hay poca o ninguna evidencia sobre el reinado de Mentuhotep IV, y su nombre no se ha encontrado en varias listas de reyes egipcios. Se han encontrado algunas inscripciones con su nombre, en las que se detalla cómo envió a su visir, Amenemhat, a una cantera para recuperar piedras para un monumento real.

Parece que pudo haber una guerra civil durante este periodo y que Amenemhat salió victorioso, ya que se convirtió en Amenemhat I. No hay un registro claro de cómo Amenemhat se convirtió en rey, pero como no era de la realeza, es fácil inclinarse por la teoría de una guerra civil o un golpe de estado.

Tebas

Tebas se construyó a orillas del río Nilo y estaba situada en el centro del Alto Egipto, al sur del delta. En su apogeo, la ciudad albergaba a unas setenta y cinco mil personas, lo que la convertía en la mayor ciudad del mundo durante su época. Era una ciudad rica que fue la sede del poder real durante muchos años, lo que probablemente atrajo a más habitantes, así como a la élite social. También era una importante ciudad religiosa, ya que era el centro de culto a Amón-Ra. Los reyes de la XI dinastía gobernaron desde Tebas, pero cuando Mentuhotep IV fue sustituido por Amenemhat I, la capital egipcia se trasladó a Ity-tauy. Este movimiento puede haber señalado el deseo de Amenemhat de distanciarse de la dinastía anterior.

Aunque Tebas ya no era la capital del reino, seguía teniendo una gran influencia como centro religioso. Senusert I, un rey de la XII dinastía, construyó un templo dedicado a Amón, lo que demuestra que la ciudad seguía recibiendo mucha atención por parte de la monarquía. Durante el Reino Medio, la ciudad era bastante grande y tenía al menos dos palacios dentro de sus límites. Aunque Tebas gozó de una importante influencia durante el Reino Medio, solo alcanzó su máximo esplendor durante el Reino Nuevo, cuando Amón se convirtió en el dios principal.

Amenemhat I

Aunque no se sabe mucho sobre el ascenso al trono de Amenemhat, está claro que era un líder fuerte y capaz. Bajo su mandato, Egipto floreció e interactuó con otros países. Amenemhat fundó la XII dinastía, que gobernaría Egipto durante los dos siglos siguientes y dio lugar a la cultura diferenciada por la que se conoce el Reino Medio. Es posible que Amenemhat trasladara su capital de Tebas a Ity-tauy para distanciarse de la XI dinastía. Sin embargo, la nueva capital estaba situada cerca de Lisht, que estaba cerca de la antigua capital de Heracleópolis. Ity-tauy se construyó en llanuras fértiles, lo que le habría permitido prosperar. Esto sugiere que Amenemhat trasladó la capital para establecer su dinastía como completamente egipcia en lugar de solo tebana. La nueva capital también se situó en una posición central, lo que le habría permitido gobernar con mayor eficacia y consolidar su poder en el país.

Amenemhat también se aseguró de honrar la antigua capital de Tebas contribuyendo al templo de Amón. Encargó varios proyectos de construcción, incluyendo fortalezas para protegerse de los invasores extranjeros y un enorme complejo piramidal y mortuorio en Lisht. Estos edificios se parecían a las pirámides de Guiza, lo que demuestra que Amenemhat quería asociarse con la gloria de los reyes del Reino Antiguo y sus prósperos reinados.

Hacia el vigésimo año de su reinado, alrededor de 1918 a. C., Amenemhat I nombró a su hijo, Senusert I, como corregente. Senusert realizó varias campañas militares en el sur. Parece que Amenemhat I se enfrentó a disturbios políticos durante el final de su reinado y pudo ser asesinado.

Arte, cultura y gobierno durante el Reino Medio

Durante el Reino Antiguo, el arte se encargaba para honrar a los dioses, y las obras literarias solían reservarse para los «Textos de las Pirámides», las inscripciones y las historias teológicas. Sin embargo, la literatura floreció durante el Reino Medio, y las historias sobre la gente común se hicieron populares. Por ejemplo, la «Historia de Sinuhé» cuenta la historia de un hombre que sirvió a Amenemhat I, pero que huyó para convertirse en beduino tras el asesinato del rey. Vivió entre los beduinos durante años, ya que temía las represalias del heredero de Amenemhat, Senusert, aunque Sinuhé no estuvo implicado en la muerte del rey. Con el tiempo, Sinuhé anhelaba volver a su hogar. Finalmente, recibió el perdón del rey, lo que le permitió vivir sus últimos años entre los suyos.

Otras obras planteaban cuestiones importantes, como si había o no vida después de la muerte. La poesía y la prosa se hicieron populares, y se desarrollaron historias como la «Historia del marinero náufrago». Las esculturas y pinturas se centraron en la representación de escenas cotidianas. Se diseñaron grandes edificios para resaltar el paisaje circundante, como el complejo mortuorio de Mentuhotep II.

Talla de barco del Reino Medio
Infrogación de Nueva Orleans, CC BY 2.0 https://creativecommons.org/licenses/by/2.0 vía Wikimedia Commons; https://commons.wikimedia.org/wiki/File:Middle_Kingdom_Ancient_Egyptian_boat_artw ork_at_New_Orleans_Museum_of_Art.jpg

Durante el Reino Medio, muchos reyes tenían fechas dobles en sus cartuchos, lo que significa que es posible que los reyes permitieran a sus sucesores elegidos gobernar como corregentes en sus últimos años para que no hubiera interrupción cuando el rey muriera. También permitía que el sucesor aprendiera a ser un rey eficaz. Esta teoría no ha sido confirmada, pero parece que bastantes reyes nombraron a sus sucesores durante sus últimos años y luego nombraron a estos sucesores como corregentes. Cuando

Mentuhotep II reunificó Egipto, nombró a miembros de su propia familia para ocupar altos cargos en el gobierno y quitó bastante poder a los nomarcas. Los reyes posteriores seguirían este ejemplo, pero muchos de estos reyes mantenían buenas relaciones con sus nomarcas. De hecho, durante el reinado de Senusert II, los nomarcas gozaron de tanta prosperidad como durante el Primer Periodo Intermedio, pero sin que la influencia de la monarquía se viera afectada. Como resultado, los nomarcas fueron ferozmente leales a su rey, lo que contribuyó a la prosperidad de Egipto.

La XII dinastía

Al igual que su padre, Senusert I quiso asociar su reinado con los gobernantes del Reino Antiguo. Nada más subir al trono, comenzó a encargar proyectos de construcción que se asemejaban mucho a los monumentos del Reino Antiguo. También construyó infraestructuras que beneficiaron a todo el reino. Senusert I consiguió aumentar la prosperidad de Egipto y premió a los funcionarios por su lealtad. Frenó el poder de los nomarcas, pero les permitió enriquecerse sin quitarle poder a la monarquía. Como resultado, Senusert pudo fortalecer su propio gobierno sin alienar a los nomarcas. Esta paz entre la monarquía y los nomarcas permitió a Senusert centrarse en el ejército, los proyectos de construcción, la agricultura y el arte.

Parece que Senusert I permitió a su sucesor, Amenemhat II, gobernar como corregente junto a él durante los últimos años de su reinado. No se sabe mucho sobre Amenemhat II, salvo que fue sucedido por Senusert II hacia 1897 a. C. Senusert II tenía una relación extremadamente buena con los nomarcas. Le sucedió Senusert III, que conduciría a Egipto a una de sus épocas doradas.

Senusert III

Los reyes egipcios solían estar asociados a los dioses, pero algunos reyes eran tan grandes que eran adorados directamente como dioses. Senusert III era uno de esos reyes. No solo era adorado como un dios en Egipto y tenía su propio culto que estaba al mismo nivel que los grandes dioses del panteón egipcio, sino que también era adorado en Nubia. Era hijo de Senusert II y tuvo una educación privilegiada que incluía una educación real en Tebas. Senusert III subió al trono hacia 1878 a. C. Uno de sus primeros actos fue reorganizar el gobierno, reduciendo así el número de nomarcas. Extrañamente, parece que hubo poca resistencia a esta reorganización. Es posible que Senusert III diera a los nomarcas privados de sus derechos puestos dentro de su gobierno.

Una vez asegurada su posición, se dedicó a ampliar las fronteras de Egipto y entró en conflicto con Nubia, Siria y Palestina. Senusert III era un líder militar extremadamente capaz, y muchas de sus expediciones terminaron con éxito. En el pasado, los nomarcas tenían ejércitos permanentes a los que el rey podía pedir ayuda, pero Senusert absorbió esos ejércitos en su propia fuerza. Sus acciones también condujeron al desarrollo de la clase media en Egipto. Durante su reinado, el arte se volvió más elaborado y realista. Algunas de las obras de arte más famosas de su reinado fueron sus estatuas, que representaban al rey durante diferentes momentos de su vida.

Senusert III colaboró con el culto de Amón, que históricamente había luchado con la monarquía por el poder. Esta relación pacífica benefició enormemente a Egipto. Pocos reyes estarían a la altura de su perdurable legado. Senusert III murió hacia 1839 a. C. y le sucedió su hijo Amenemhat III.

Amenemhat III

Amenemhat III tuvo la nada envidiable tarea de estar a la altura del ejemplo de su padre, que era el rey egipcio ideal. Amenemhat no dejó muchos registros de sus victorias militares, lo que significa que probablemente no fue a la guerra tanto como su padre. Es más que probable que heredara un reino pacífico y no sintiera la necesidad de defender su reino. También es posible que no sintiera la misma necesidad de ampliar las fronteras de Egipto como su padre. Amenemhat sí parecía disfrutar iniciando proyectos de construcción, lo que llevó a la construcción de muchos monumentos importantes. Heródoto atribuyó a Amenemhat III la construcción del legendario templo mortuorio conocido como el Laberinto. El antiguo historiador griego afirmó que el templo mortuorio de Amenemhat III en Hawara era uno de los monumentos más impresionantes del mundo antiguo.

Quizás el mayor logro de Amenemhat III fue la creación de un sistema que regulaba el flujo de agua hacia el lago Moeris mediante el drenaje de las marismas que lo rodeaban. Aumentó el trabajo en las minas de turquesa situadas en el Sinaí y utilizó canteras de toda

Nubia y Egipto que le proporcionaron los fondos necesarios para sus diversos proyectos de construcción. Puede que Amenemhat III no tuviera el mismo reinado estelar que su padre, pero fue un rey capaz que aumentó la prosperidad de Egipto por derecho propio. Fue sucedido por Amenemhat IV alrededor de 1815 a. C.

Sobekneferu

Amenemhat IV continuó muchas de las políticas de su padre y lanzó muchas de sus propias iniciativas, que incluían proyectos de construcción y campañas militares. Lamentablemente, parece haber tenido un reinado corto y murió sin un heredero varón. Esto habría sido desastroso, ya que los reyes anteriores parecen haber nombrado corregentes en vida, lo que aseguraba una transición de poder sin problemas. Como Amenemhat IV no tenía un heredero viable, no había corregente, y el traspaso de poder no habría sido fácil. A la muerte de Amenemhat IV, el trono pasó a manos de su esposa o de su hermana (o posiblemente de ambas), Sobekneferu, hacia 1807 a. C. No se sabe mucho sobre su reinado, salvo que probablemente no fue la primera reina egipcia que gobernó por derecho propio. Se cree que una reina anterior, Nitocris, gobernó durante un breve periodo durante el Reino Antiguo, pero existen pocos registros de su época.

Estatua de la reina Sobekneferu
https://commons.wikimedia.org/wiki/File:Statue_of_Sobekneferu_(Berlin_Egyptian_Muse um_14475).jpg

Sea o no Sobekneferu la primera reina de su clase, su reinado fue ciertamente notable. Reinó varios cientos de años antes que Hatshepsut, y siempre gobernó como mujer y nunca se representó como hombre. Encargó varios proyectos de construcción importantes, como la ciudad de Cocodrilópolis, que fundó o reparó. Desgraciadamente, no pudo dar un heredero y murió hacia 1802 a. C., lo que puso fin a la XII dinastía.

El declive del Reino Medio

A la muerte de la reina Sobekneferu, el trono pasó a manos de Sebekhotep I, que inició la XIII dinastía. Aunque la XIII dinastía heredó un país próspero y fuerte, los reyes de esta dinastía no parecían tener el mismo empuje y poder que los reyes de la XII dinastía. Los registros de esta época son escasos y fragmentados, lo que significa que es difícil saber con exactitud qué llevó al declive del Reino Medio. Parece que los reyes de la XIII dinastía eran algo más débiles que los de la XII. Aunque mantuvieron muchas de las mismas políticas, comenzaron a desarrollarse facciones dentro de Egipto. Con el tiempo, los hicsos se convirtieron en una poderosa potencia política que rivalizaba con el poder de Ity-tauy.

Cuando la XIII dinastía decayó en poder, los hicsos pasaron a gobernar Egipto. Mostraron un gran respeto por la cultura egipcia y gobernaron durante el Segundo Periodo Intermedio. En el pasado, el Segundo Periodo Intermedio se había caracterizado como una época sin ley, pero parece que la mayoría de los habitantes de Egipto disfrutaron de una relativa estabilidad. El cambio de poder solo habría afectado a la élite social egipcia.

No se puede negar que el Reino Medio fue una época de gran prosperidad para Egipto, y los logros de la XII dinastía elevaron a Egipto a uno de los estados más poderosos y ricos del mundo. Desgraciadamente, sus sucesores no pudieron mantener ese prestigio y se doblegaron bajo el peso de su impresionante imperio, lo que provocó el ascenso de otra potencia en la región.

Aunque el Segundo Periodo Intermedio no fue probablemente una época de completo caos, ciertamente estuvo muy lejos de las alturas alcanzadas por el Reino Medio. Sin embargo, el Segundo Periodo Intermedio conduciría al Nuevo Reino y a cotas aún mayores para el antiguo Egipto.

Capítulo 3: El Nuevo Reino (1550-1070 a. C.)

El antiguo Egipto disfrutó de muchos periodos dorados durante los cuales se construyeron grandes pirámides y se desarrolló un elaborado arte. Cuando el Reino Medio decayó, una influencia extranjera, los hicsos, consiguieron acumular riqueza y poder político que les permitió hacerse con el control de una parte importante de Egipto. Con el tiempo, la monarquía egipcia recuperó su fuerza y expulsó a los hicsos de Egipto. Una vez que se deshicieron de la potencia extranjera, los egipcios establecieron fronteras que debían impedir las invasiones, pero que se convirtieron en peldaños que ayudaron a los futuros reyes a convertir Egipto en un poderoso imperio.

El reino egipcio más próspero fue el Nuevo Reino. Durante esta época, florecieron la literatura, la arquitectura y el comercio. Egipto se convirtió en una potencia internacional, ya que comerciaba y mantenía correspondencia con las principales potencias mundiales de la época. Se escribía más que nunca, lo que convierte al Nuevo Reino en una de las épocas mejor documentadas de la historia del antiguo Egipto. Esta riqueza de información ha proporcionado a nuestros contemporáneos una visión clara de uno de los períodos más fascinantes de la historia egipcia. El Reino Nuevo dio a conocer figuras legendarias como Akenatón, Hatshepsut, Tutankamón y Ramsés II. También sería el periodo durante el cual los reyes egipcios pasaron a ser conocidos como faraones.

Hicsos

El Reino Medio fue una época de increíble unidad y prosperidad para Egipto, durante la cual la monarquía tenía un firme control de Egipto. Sin embargo, ese poder decayó bajo los reyes de la XIII dinastía, que no pudieron estar a la altura del ejemplo dejado por sus predecesores. Los reyes de la XIII dinastía se esforzaron por mantener Egipto unificado y, como resultado, los hicsos se asentaron en Avaris, que se encontraba en el Bajo Egipto. El Reino de Kush también ganó poder cerca del Alto Egipto, lo que supuso otro problema.

Aunque los hicsos eran extranjeros, su gobierno no era del todo impopular. Los registros posteriores pintarían el Segundo Periodo Intermedio como una época de caos total, pero esto podría haber sido el resultado de la propaganda destinada a destacar el gobierno de los reyes del Nuevo Reino frente al gobierno de los hicsos. Los gobernantes extranjeros parecían tener una relación relativamente pacífica con los gobernantes de Egipto y tuvieron un impacto definitivo en la historia egipcia. Por ejemplo, los hicsos influyeron en la guerra egipcia al introducir los carros y los caballos. También introdujeron el bronce en Egipto, lo que permitió fabricar armas y armaduras más resistentes. Es posible que los hicsos fueran originarios del norte, lo que atrajo la atención de Egipto hacia Oriente Medio e inspiró a los futuros reyes egipcios a expandir su imperio hacia el norte.

Las relaciones entre los hicsos y la monarquía egipcia se agriaron durante el reinado del rey Seqenenra Taa de Egipto. Fue a la guerra contra los hicsos, pero murió en la batalla. Su hijo, Kamose de Tebas, continuó la guerra de su padre y derrotó a los hicsos, pero fue Ahmose I quien expulsó a los hicsos del reino y reunificó Egipto.

Ahmose I

Ahmose I subió al trono hacia el año 1550 a. C. en una época convulsa. Se enfrentó a increíbles dificultades, pero consiguió traer la paz y la estabilidad a Egipto. Los hicsos eran famosos por exigir tributos a los reyes egipcios y por casarse con princesas egipcias, lo que podría indicar su intención de unirse a la monarquía egipcia. Ahmose I utilizó caballos, carros y armas de bronce para destruir a

Avaris y expulsar a los hicsos a Palestina y posteriormente a Siria. Una vez expulsados los hicsos del país, Ahmose restableció Tebas como capital de su reino y volvió a conquistar Nubia. Esto le permitió saquear grandes cantidades de oro de Nubia, lo que aumentó la riqueza de Egipto. Ahmose I se dio cuenta de que tenía que tomar medidas firmes para evitar que los hicsos u otros invadieran sus fronteras. Por ello, construyó fortalezas en zonas anteriormente descuidadas y estableció zonas de amortiguación alrededor de las fronteras para proteger a Egipto de las invasiones.

Ambas caras de un hacha ceremonial que perteneció a Ahmose I

El pueblo egipcio veneraba a Ahmose I como a un dios, honor que solo estaba reservado a los reyes legendarios. En un esfuerzo por impulsar la economía egipcia, Ahmose reabrió varias minas, generando más comercio para el país. Sus esfuerzos establecieron el Nuevo Reino, que duraría casi cinco siglos y traería cada vez más prosperidad y fama al imperio. Ahmose I también luchó contra los kushitas e impidió que invadieran Egipto, algo que sus predecesores no habían podido hacer. Por primera vez en siglos, Egipto estaba unido y el gobierno central volvía a ser estable. Ahmose I dejó un reino seguro a su hijo, Amenhotep I, y fue venerado junto con Narmer como uno de los grandes unificadores de Egipto.

Hatshepsut

Amenhotep I fue un rey competente que hizo grandes contribuciones al arte y dejó un trono estable a su hijo, Tutmosis I, alrededor del año 1520 a. C. Tutmosis I fue un guerrero como su abuelo, Ahmose I. Expandió el dominio de Egipto sobre Nubia y puso sus miras en más territorio y proyectos de construcción. A su muerte, su heredera designada fue aparentemente su hija legítima, Hatshepsut (según sus inscripciones), pero el trono pasó a manos de su hijo, Tutmosis II, nacido de una reina menor. Los hermanos se casaron, como era tradición en la época. Hatshepsut fue el verdadero poder detrás del trono y se convirtió en una de los reyes más influyentes del Nuevo Reino. Durante los primeros siete años, se la representó como mujer, pero más tarde optó por ser representada como un gobernante masculino.

Estatua de la reina Hatshepsut
Crédito: Metropolitan Museum of Art, CC0, vía Wikimedia Commons;
https://commons.wikimedia.org/wiki/File:Seated_Statue_of_Hatshepsut_MET_Hatshepsut2012.jpg

Su reinado trajo gran prosperidad y estabilidad a Egipto. Fue nombrada esposa del dios Amón, lo que suponía un papel influyente y poderoso en Egipto. Con el tiempo, Tutmosis II murió, dejando a su hijo de una esposa menor, Tutmosis III. Hatshepsut conservó su poder y gobernó como regente. Al mismo tiempo que comenzó a presentarse como hombre, también se declaró faraón. Al igual que sus predecesores, inició campañas militares y proyectos de construcción. También construyó un templo en Deir el-Bahari, que es uno de los más impresionantes de todo Egipto, e hizo una fastuosa campaña en Punt. Hatshepsut encargó más proyectos de construcción que ningún otro monarca egipcio aparte de Ramsés el Grande.

Durante todo el reinado de Hatshepsut, Tutmosis III demostró su valía actuando como uno de sus generales. Alrededor del año 1457 a. C., Tutmosis III fue enviado a someter una rebelión en Qadesh, y fue en esa época cuando Hatshepsut desapareció de la historia. Es posible que muriera de un absceso en un diente. Sea cual sea la verdadera causa de su muerte, Tutmosis III fue nombrado rey y rápidamente comenzó a destruir los registros del reinado de su madrastra. Sus logros fueron borrados y ella siguió siendo un misterio hasta que los historiadores descubrieron pruebas de su existencia en el siglo XIX.

Tutmosis III

No está claro por qué Tutmosis III decidió borrar el nombre de su madrastra de la historia, pero prevalecen algunas teorías. Algunos historiadores creen que Tutmosis III quería restablecer el equilibrio de la gobernación egipcia, ya que Egipto solía estar gobernado por hombres, mientras que otros piensan que Tutmosis III quería evitar que las mujeres fueran demasiado ambiciosas. Gracias a los esfuerzos de su madrastra, Tutmosis III heredó un reino estable, lo que le permitió poner sus miras en la expansión de las fronteras de Egipto. De hecho, Tutmosis III fue responsable de numerosas y exitosas campañas militares que ampliaron las fronteras de Egipto más que nunca.

Tutmosis completó diecisiete campañas militares en dos décadas y dejó amplias inscripciones detallando sus victorias. Dejó tantas inscripciones que es uno de los faraones más conocidos de Egipto. A su muerte, dejó el trono a su hijo Amenhotep II hacia el año

1425 a. C. Amenhotep no tenía tantas ganas de ir a la guerra como su padre y demostró ser un gobernante capaz. Forjó un tratado de paz con los Mitani y otros. Dejó el trono a su hijo, Tutmosis IV, alrededor del año 1400 a. C. Tutmosis imitó a su padre en muchos aspectos y restauró la Gran Esfinge.

Amenhotep III

Amenhotep III ascendió al trono cuando solo tenía doce años, pero había heredado uno de los reinos más ricos del mundo. Nada más ser coronado, se casó con Tiy y la elevó al rango de «Gran Esposa Real», lo que significaba que estaba por encima de cualquier otra mujer de la corte. Demostró ser un hábil diplomático que utilizó su gran riqueza para fomentar las buenas relaciones con las naciones vecinas, normalmente comprando su favor o pagándoles para que hicieran lo que él quería. Amenhotep III era un buen líder militar, y algunas de sus inscripciones detallan sus campañas militares, incluida una campaña a Nubia. Sin embargo, sus mayores intereses residían en el arte, la arquitectura y la religión.

Estatua de Amenhotep III
IGallic, CC BY-SA 4.0 https://creativecommons.org/licenses/by-sa/4.0 vía Wikimedia Commons; https://commons.wikimedia.org/wiki/File:Amenhotep_III.jpg

Encargó más de 250 proyectos de construcción durante su vida, la mayoría de los cuales eran enormes y elaborados. Amenhotep III también concedió a su esposa poderes extraordinarios, permitiéndole gobernar el estado mientras él estaba preocupado. A menudo se los representaba juntos en tallas o estatuas. Sin embargo, mientras el rey seguía creciendo en riqueza, también lo hacía el culto a Amón. Cuando Amenhotep III subió al trono, los sacerdotes de Amón poseían tantas tierras como el faraón. Este vio el peligro que esto suponía y se alió con el dios Atón, pero esto no sirvió para frenar el poder de los sacerdotes. Su hijo, Amenhotep IV (más tarde conocido como Akenatón), tomaría medidas más drásticas. Amenhotep III murió alrededor del año 1353 a. C. después de un reinado extremadamente exitoso.

Akenatón

El reinado de Akenatón comenzó de forma bastante pacífica. Imitó muchas de las políticas de su padre, pero al cabo de unos años sufrió una conversión religiosa y obligó a Egipto a realizar varias reformas. Declaró ilegal la antigua religión y convirtió a Atón en la principal deidad de Egipto. Akenatón trasladó la capital a su nueva ciudad, Ajetatón, y afirmó que Atón era el gobernante supremo del universo. El rey era la encarnación humana de Atón. Es posible que sus esfuerzos reflejaran una sincera devoción a este dios, pero también es posible que quisiera reducir el poder del culto a Amón. Sus reformas obligaron al culto a renunciar a sus enormes riquezas, pero los cambios también provocaron graves consecuencias para el país en su conjunto.

Akenatón descuidó los asuntos exteriores y de Estado, lo que provocó la pérdida de estados vasallos y un colapso general del gobierno local. Su esposa, Nefertiti, asumió muchas de sus obligaciones e intentó gobernar el país en su lugar, mientras él se obsesionaba cada vez más con su religión. La reina Nefertiti era una reina capaz, pero el país sufrió el abandono del rey. Su poder solo llegaba hasta cierto punto, y el tesoro real se agotó rápidamente. Las reformas religiosas provocaron la pérdida de ingresos de muchos artesanos, lo que afectó a la economía. Además, los asuntos exteriores empeoraron a medida que continuaba su reinado. Akenatón murió en 1336 a. C., habiendo deshecho gran parte de los esfuerzos de sus predecesores.

Tutankamón

Unos años más tarde, el joven hijo de Akenatón, Tutankamón, subió al trono. El rey de ocho años (algunas fuentes dicen que de nueve) hizo todo lo posible por deshacer el daño hecho por su padre y rápidamente revirtió las reformas religiosas, restaurando la antigua religión. Reabrió los templos y ayudó a devolver a Egipto parte de su antigua gloria. El pueblo llano había sufrido durante la reforma, y Tutankamón devolvió la estabilidad a sus vidas. Se casó con su esposa y hermanastra, Anjesenamón, en algún momento de su reinado, pero murió antes de poder engendrar herederos. Se cree que murió alrededor del año 1327 a. C.

Estatua de Tutankamón

Es posible que Anjesenamón intentara hacerse con el trono y que escribiera al rey Suppiluliuma I de los hititas para pedirle uno de sus hijos en matrimonio. El rey hitita envió a su hijo a casarse con la reina egipcia, pero el príncipe desapareció durante el viaje. El visir de Tutankamón, Ay, se convirtió en el siguiente faraón. Ay continuó los esfuerzos de Tutankamón por devolver a Egipto su antigua gloria, pero fue el sucesor de Ay, Horemheb, quien logró revertir completamente las reformas religiosas iniciadas por Akenatón. Horemheb también murió sin heredero, dejando el trono a su visir, Paramesu, que se convirtió en el faraón Ramsés I hacia 1292 a. C.

Ramsés I

Ramsés fue el primer rey de la XIX dinastía y probablemente fue un amigo cercano de Horemheb. Los historiadores han teorizado que Ramsés formaba parte de una familia de militares, que fue la forma en que se relacionó con Horemheb. Como Horemheb no tenía herederos, nombró a Ramsés como su heredero, a pesar de que Ramsés era de edad avanzada cuando Horemheb murió. Es posible que Horemheb nombrara a Ramsés, ya que tenía un heredero. Ramsés subió al trono alrededor del año 1292 a. C. y nombró a su hijo, Seti I, como corregente. También es probable que a Ramsés le resultara difícil seguir con sus responsabilidades reales o que quisiera que su hijo aprendiera a ser un rey capaz.

Seti I comenzó inmediatamente las campañas militares y se propuso recuperar las antiguas tierras de Egipto en Siria. Mientras tanto, Ramsés I se ocupó de numerosos proyectos de construcción en Egipto. Ramsés I murió tras un breve reinado, que duró menos de dos años, y dejó el trono a Seti I. Al igual que sus predecesores, Seti dedicó gran parte de su energía a devolver a Egipto su antigua gloria. Seti I encargó varios proyectos de construcción y comenzó a enseñar a su hijo a ser un buen rey. Demostró ser un gobernante capaz. Aunque hizo todo lo posible por devolver a Egipto la prosperidad de la que había gozado con Amenhotep III, sería su hijo, Ramsés II, quien se convertiría en uno de los mayores faraones de la historia de Egipto.

Ramsés II

Ramsés II subió al trono alrededor del año 1279 a. C. y vivió casi cien años. Cuando murió, muchos de sus súbditos no recordaban haber vivido bajo otro gobernante, lo que provocó el pánico del pueblo. Desde muy joven, Ramsés se unió a su padre en las campañas militares y pronto comenzó a dirigir sus propias expediciones militares. Luchó contra los hititas y aseguró las fronteras de Egipto mientras ampliaba las rutas comerciales. Ramsés derrotó a los Pueblos del Mar, aliados de los hititas, y los incorporó a su propio ejército. También construyó la ciudad de Pi-Ramsés, de la que se dice que rivalizaba con la antigua ciudad de Tebas.

En 1274, luchó en la batalla de Qadesh, que terminó en empate. Sin embargo, el rey afirmó haber ganado la batalla para aumentar su propia reputación. Más tarde, participó en el primer tratado de paz del mundo cuando negoció con los hititas. También fue un gran mecenas de las artes, y muchos historiadores afirman que el arte del antiguo Egipto alcanzó su máximo esplendor durante su gobierno. Ramsés II encargó muchos proyectos de construcción y dejó un gran número de inscripciones. También mandó construir la tumba de Nefertari. Ella era su esposa favorita, que murió a principios de su reinado, y su tumba fue magníficamente construida para reflejar el favor del rey. Ramsés hizo esculpir la imagen de Nefertari junto a él en muchas de sus tallas mucho tiempo después de su muerte, lo que demuestra la profundidad de su devoción por su primera esposa.

Templo de Ramsés II en Abu Simbel

Merlin UK, CC BY-SA 3.0 https://creativecommons.org/licenses/by-sa/3.0 vía Wikimedia Commons; https://commons.wikimedia.org/wiki/File:Temple_of_Ramese_II_at_Abu_Simbel_-_panoramio.jpg

Ramsés II, durante su reinado, reforzó las fronteras, aumentó el comercio y llenó las arcas de Egipto. Sus logros lo convirtieron en uno de los mayores faraones de la historia, y fue profundamente amado y venerado por los antiguos egipcios. Le sucedió su heredero, Merneptah, hacia el año 1213 a. C., que ya era un anciano cuando se convirtió en rey. Merneptah estaba ansioso por demostrar su valía y lanzó varias campañas militares con éxito. Le sucedió durante un breve periodo Amenmeses alrededor del año 1203 a. C., que pudo ser un usurpador, ya que el heredero legítimo se suponía que era Seti II. Hacia el año 1200 a. C., Amenmeses dejó de ser mencionado en los registros. Seti II reinó hasta el 1197 a. C. aproximadamente y le sucedió Merneptah Siptah, que heredó el trono siendo un niño y murió joven. Su madrastra, Tausert, gobernó como regente hasta el año 1190 a. C. hasta que fue sucedida por Sethnajt, que probablemente fue otro usurpador.

Ramsés III

Sethnajt puede haber sido uno de los hijos de Seti II. Estableció la XX dinastía. Le sucedió Ramsés III, que demostró ser un rey capaz y el último gran rey del Reino Nuevo. Comenzó su reinado expulsando a los Pueblos del Mar y fortaleciendo el gobierno del país. Durante su reinado, los libios intentaron invadir el país, pero Ramsés III los derrotó en la batalla y aseguró las fronteras de Egipto, demostrando su capacidad como rey guerrero. También construyó su gran templo mortuorio entre las luchas intermitentes contra los posibles invasores. El comercio y la industria florecieron bajo su reinado, y utilizó muchas de las minas de Egipto para impulsar la economía.

Sin embargo, el reinado de Ramsés III no fue del todo exitoso, ya que sufrió una de las primeras huelgas laborales de la historia. Los trabajadores de uno de sus proyectos de construcción no estaban satisfechos con las condiciones de trabajo y se negaron a trabajar hasta que los problemas fueran solucionados. Ramsés III se enfrentó a una grave inestabilidad política durante su reinado y fue asesinado alrededor del año 1155 a. C.

El declive del Nuevo Reino

Es posible que Akenatón llevara a su país al borde de la decadencia durante su gobierno en un intento de frenar el poder de los sacerdotes de Amón. Cuando sus reformas religiosas fueron revertidas, el culto a Amón fue restaurado, y continuó amasando poder y riqueza a expensas de la corona. Cuando Ramsés III subió al trono, el poder del faraón no era ni de lejos lo que había sido en tiempos de Amenhotep III. A Ramsés III le sucedió su hijo Ramsés IV, y muchos de sus sucesores también se llamaron Ramsés. Sin embargo, no compartieron ninguna similitud con Ramsés el Grande, ya que la monarquía decayó rápidamente durante el reinado de los reyes de la XX dinastía.

Los sacerdotes de Amón quedaron sin control. Esto les permitió dividir efectivamente Egipto en dos y quitarle poder a la monarquía hasta que el gobierno central quedó paralizado. Ramsés I había abandonado Tebas siglos antes, lo que permitió a los sacerdotes tomar el control de la antigua ciudad y extender su influencia. Con el tiempo, el rey pasó a representar a un subordinado de Amón, lo que, por extensión, lo convirtió en un subordinado de los sacerdotes. Pronto, los nubios se hicieron con gran parte del sur de Egipto mientras los sacerdotes gobernaban el Alto Egipto, lo que dio lugar al Tercer Periodo Intermedio. Por desgracia, no habría otro gran reino que sacara a Egipto del caos. El Tercer Periodo Intermedio terminó con la batalla de Pelusio en el año 525 a. C., que condujo a la invasión persa.

Capítulo 4: El fin del antiguo Egipto (1070-330 a. C.)

El Tercer Periodo Intermedio puso fin a la gloria del antiguo Egipto. El Nuevo Reino fue definido por notables gobernantes que fomentaron las relaciones diplomáticas y expandieron las fronteras de Egipto al tiempo que garantizaban su estabilidad. Trajeron una inmensa prosperidad a Egipto y construyeron magníficos monumentos que aún hoy atraen a los turistas. Desgraciadamente, cuando el último gran faraón del Nuevo Reino subió al trono, Egipto era una sombra de lo que había sido y estaba plagado de problemas debido a las reformas religiosas y a los problemas de sucesión.

Cuando la XX dinastía llegó a su fin, también lo hizo el Nuevo Reino. Durante el Tercer Periodo Intermedio, los faraones pasarían a ser casi intrascendentes, ya que el culto a Amón se hizo con el poder en Egipto. Con el paso del tiempo, Egipto se convirtió en un campo de batalla para Nubia y Asiria, ya que estas potencias extranjeras luchaban por la riqueza de Egipto. Al poco tiempo, los persas invadieron Egipto y gobernaron la región durante varias décadas antes de que llegara Alejandro Magno y reclamara el país como propio. Aunque Egipto seguía siendo una región fuerte e influyente, la época de esplendor de los faraones y las pirámides había terminado.

El declive de los faraones

Durante décadas, el culto al poder de Amón había crecido a expensas de la monarquía. Mientras que los faraones del Reino Nuevo solían controlar el culto a Amón, los faraones de la XX dinastía no pudieron hacerlo, lo que tendría consecuencias duraderas para todo Egipto. La XX dinastía terminó con el reinado del faraón Ramsés XI, que murió alrededor del año 1077 a. C. Durante gran parte de la historia de Egipto, los faraones eran considerados extensiones de las divinidades, dioses vivos que ejecutaban la voluntad de los dioses en la Tierra. Este estatus los convertía en todopoderosos, y su autoridad era totalmente aceptada por sus súbditos. Los antiguos egipcios estaban influenciados por su religión y no se atrevían a cuestionar la voluntad de los dioses.

Sin embargo, con el paso del tiempo, los faraones pasaron a ser conocidos como hijos de las deidades, lo que frenó su poder. Los sacerdotes se convirtieron en los intermediarios entre los humanos y los dioses. Esto puso un poder increíble en manos de los sacerdotes, que vivían en los templos y reclamaban grandes cantidades de tierra y riqueza en nombre de los dioses. A la muerte de Ramsés XI, le sucedió Esmendes, un funcionario del Bajo Egipto que inició la XXI dinastía. Esmendes se trasladó de Per-Ramsés a Tanis, mientras que el culto a Amón gobernaba desde Tebas. Una vez más, Egipto estaba dividido, pero no hay pruebas de que esta separación fuera causada por una guerra civil. Parece que la monarquía se encargaba de las tareas administrativas desde Tanis, mientras que los sacerdotes gobernaban en nombre de Amón desde Tebas. Esto habría requerido una notable cooperación, y no parece que las dos partes fueran enemigas.

Culto a Amón

Durante gran parte de la historia de Egipto, Tebas fue considerada el hogar del dios Amón. Durante el Reino Nuevo, Amón se convirtió en la deidad más importante del panteón egipcio y tenía un papel similar al de Zeus en la cultura griega. En algún momento del gobierno de Ahmose I, Amón se fusionó con el dios del sol Ra y se convirtió en Amón-Ra. A medida que Tebas crecía en importancia, también lo hacía Amón, lo que también puede explicar por qué el dios se volvió tan importante para los egipcios. Su templo se encontraba en el complejo de templos de Karnak, construido cerca de Lúxor. Su construcción comenzó durante el gobierno de Senusert I, y se convirtió en una costumbre de los faraones ampliarlo durante su reinado. Esto permitió que Karnak se convirtiera en el mayor edificio religioso del mundo y supuso un gran orgullo para los egipcios.

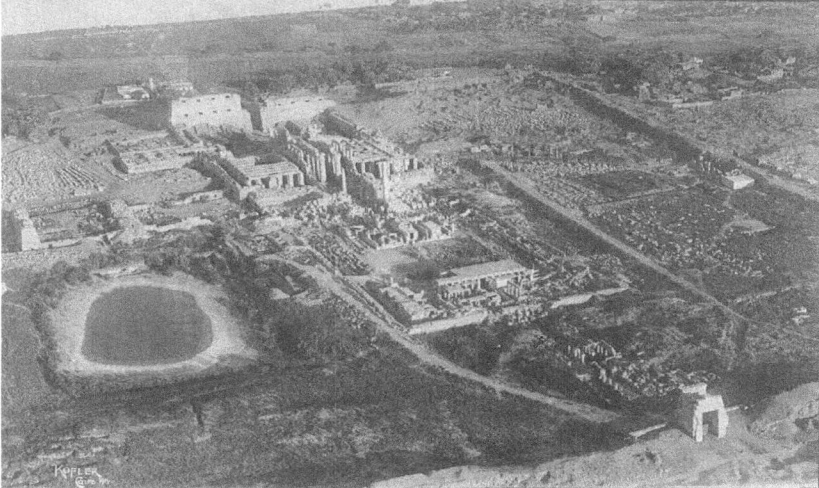

Complejo de templos de Karnak
Biblioteca de la Universidad de Cornell, CC BY 2.0 https://creativecommons.org/licenses/by/2.0 , vía Wikimedia Commons; https://commons.wikimedia.org/wiki/File:Temple_Complex_at_Karnak.jpg

Como Amón se convirtió en un dios tan importante, su culto también creció en importancia. Se pensaba que los sacerdotes, especialmente los sumos sacerdotes, tenían un vínculo directo con el dios, lo que los hacía extremadamente importantes, ya que habrían tenido contacto con todo tipo de ciudadanos egipcios. A finales del Reino Nuevo, había hasta ochenta mil sacerdotes que vivían y trabajaban en Karnak. El culto a Amón también poseía más tierras y riquezas que el faraón, lo que tenía un impacto definitivo en la influencia del monarca. Durante el Tercer Periodo Intermedio, Amón era efectivamente el rey de Tebas. Los sacerdotes utilizaban oráculos para determinar la voluntad del dios para resolver cuestiones judiciales, domésticas y políticas. En el Tercer Periodo Intermedio, Tebas se había convertido en una teocracia completa, y los sacerdotes se comunicaban regularmente con Amón como si fuera el faraón. Los reyes de Tanis supervisaban lo que el escurridizo dios no podía.

La conquista nubia

Durante los Reinos Medio y Nuevo, los faraones egipcios se abrieron paso en Nubia y conquistaron o exigieron tributos a los nubios. Nubia y Egipto mantuvieron una estrecha relación durante la mayor parte de su historia, ya que ambos dependían del Nilo. Cuando los faraones egipcios conquistaron Nubia durante los periodos del Reino Medio y Nuevo, llevaron a su dios Amón. Durante estos tiempos, los egipcios construyeron numerosos templos a Amón y declararon que Nubia era la residencia meridional de Amón. Esto promovió el culto a Amón y legitimó la reclamación de los egipcios sobre Nubia. Los egipcios estaban interesados en Nubia porque era abundante en recursos naturales, como marfil, ébano, pieles de animales y oro.

La estrecha relación entre ambos países dio lugar a lazos culturales y religiosos que perdurarían durante siglos. Sin embargo, cuando Egipto comenzó a declinar en poder, Nubia utilizó las bases sentadas por los antiguos faraones egipcios como excusa para invadir Egipto. En el año 700 a. C., el rey kushita Piye consiguió anexionar Karnak y pasó a conquistar el resto de Egipto. Afirmó trabajar en nombre de Amón y se convirtió en el primer faraón kushita en el 744 a. C. Como los nubios ya adoraban a Amón, se permitió que su culto continuara con sus funciones y disfrutó de una importante influencia tanto en Egipto como en Nubia. Cuando Piye gobernó Egipto, permitió que los reyes del Bajo Egipto tuvieran una medida de poder. Los reyes kushitas tenían un inmenso respeto por la cultura egipcia, y su gobierno no tuvo un impacto negativo en la cultura egipcia en su conjunto.

Asiria versus Egipto

Durante gran parte de la historia de Egipto, los reyes egipcios habían creado a propósito zonas de amortiguación a lo largo de sus fronteras, lo que evitaba que estas chocaran con enemigos poderosos que pudieran invadir Egipto. Sin embargo, durante el Tercer Periodo Intermedio, muchas de estas zonas de amortiguación fueron derrotadas. Se añadieron al territorio de Egipto, pero también dejaron al estado vulnerable a la invasión extranjera. Hacia el año 926 a. C., el faraón Sheshonq I conquistó Judá. Esto se consideró una gran victoria, pero también puso a Egipto en contacto con los asirios. Al morir el rey kushita Piye, le sucedió su hermano Shabako. Más tarde, Shabitku, el sucesor de Shabako, prestó apoyo a Judá contra el rey asirio Senaquerib. Esto habría sido suficiente para atraer la hostilidad de Asiria.

En el año 671 a. C., Egipto estaba gobernado por Taharqo cuando el rey asirio Asaradón marchó contra Egipto. Invadió el país y tomó como rehén a la familia real. Taharqo pudo escapar a Egipto y fue sucedido por Tanutamani. Tanutamani pudo derrocar temporalmente el dominio asirio, pero fue rápidamente conquistado por el hijo de Asaradón, Asurbanipal, en el año 666 a. C., que dejó en el trono de Egipto a un rey títere, Necao I.

Saqueo de Tebas

Aunque los kushitas mantuvieron un fuerte control sobre Egipto, su influencia fue decayendo gradualmente durante la XXV dinastía. Tanutamani, en su mayor parte, controlaba el Alto Egipto y Nubia. Todavía mantenía Tebas, que era un punto de apoyo increíblemente importante. Sin embargo, en el año 663 a. C., Asurbanipal y Tanutamani se enzarzaron en una guerra que determinaría el resultado del futuro de Egipto. Durante un breve periodo, Tanutamani se impuso y pudo conquistar Menfis, donde mató al rey títere Necao I. Como resultado, Asurbanipal y Psamético (hijo de Necao I) se enfrentaron al rey kushita en una batalla cerca de Menfis. Los kushitas fueron derrotados y Tanutamani se retiró a Nubia, lo que dejó desprotegida la antigua ciudad de Tebas.

Tebas cayó en manos de las fuerzas asirias y fue completamente saqueada. La mayoría de sus riquezas y habitantes fueron llevados a Asiria. Fue una catástrofe estrepitosa que dejó una marca definitiva en la historia y la moral egipcias. El saqueo de Tebas supuso un final decisivo para la XXV dinastía, ya que los reyes kushitas nunca pudieron recuperar las tierras que habían perdido. Tebas fue tan derrotada que, seis años después, se rindió a la flota de Psamético.

Psamético se convirtió en rey de Egipto y fundó la XXVI dinastía, que puso fin al Tercer Periodo Intermedio e inició el Periodo Tardío. El rey hizo que Tebas aceptara a su hija, Nitocris I, como esposa del dios Amón, que era un cargo increíblemente importante en Egipto.

Psamético fue un líder capaz que trajo la paz y la unidad a Egipto. Encargó muchos monumentos, restauró edificios antiguos y fue un fuerte líder militar. Le sucedió Necao II, que creó una armada egipcia formada por mercenarios griegos. A Necao II le sucedió Psamético II en torno al año 595 a. C., quien demostró su valía en las batallas contra Kush y fue famoso por borrar los nombres de los reyes kushitas de los monumentos del sur, llegando incluso a intentar borrar el nombre de su padre de la historia. Las razones de sus acciones aún se desconocen. Le sucedió su hijo, Apries, hacia el año 589 a. C. Apries fue derrocado en un golpe de estado orquestado por el general de su padre, Amosis II.

Amosis II

Apries demostró ser un líder militar sin éxito. Intentó luchar contra los babilonios, pero perdió. Cuando perdió el trono, pidió ayuda a los babilonios y probablemente murió en el campo de batalla cuando se enfrentó al ejército de Amosis II. Es posible que Amosis II fuera el responsable de las victorias de Psamético II en Nubia. Psamético II nunca hizo mucho con sus victorias militares, sino que optó por regresar a Egipto sin establecer firmemente su gobierno. Esto debió de frustrar a Amosis II y puede haber provocado su golpe de estado.

Amosis II fue el faraón más fuerte en siglos y ayudó a devolver a Egipto parte de su antigua gloria. Estimuló la economía y llevó a cabo varias campañas militares con éxito. Bajo su mandato, abundaron los proyectos de construcción, la economía floreció y las fronteras fueron seguras. La industria del arte recibió un gran impulso, lo que no hizo más que aumentar la reputación de Amosis II.

Aunque Amosis II era un rey capaz, falló a Egipto en dos aspectos fundamentales. Su hijo, Psamético III, no estaba en absoluto preparado para los retos de gobernar Egipto cuando subió al trono alrededor del año 526 a. C. Amosis II también pudo ser responsable de la invasión persa. Según el historiador griego Heródoto, el rey persa Cambises II solicitó casarse con una de las hijas de Amosis. Los egipcios eran famosos por negarse a entregar a ninguna de sus mujeres nobles a los extranjeros, y Amosis quería mantener esa tradición sin hacerse un enemigo mortal. En respuesta, envió a una de las hijas de Apries a casarse con Cambises II. La antigua princesa se sintió tan ofendida por las acciones de Amosis que reveló su identidad a Cambises II en cuanto llegó a su destino. Esto enfureció a Cambises II y, según la tradición, juró vengarse de los egipcios.

Bastet y los gatos divinos

Los animales solían ser sagrados para los egipcios, ya que representaban diversos aspectos de los dioses en el panteón egipcio. La gente solía momificar a sus mascotas cuando morían y las cuidaba mucho en vida. Aunque la mayoría de los animales eran muy apreciados, los gatos eran sagrados en Egipto. Eran las mascotas más comunes y su popularidad estaba directamente relacionada con Bastet.

Estatua de la diosa Bastet

La diosa Bastet era inmensamente popular, y a los egipcios les aterraba ofenderla. Bastet era la diosa de los secretos de la mujer, la fertilidad, los gatos, el parto y el hogar. Protegía las casas, las mujeres y los niños de las enfermedades y los espíritus dañinos. Su papel también se extendía al más allá, y era conocida por ser extremadamente vengativa. Al principio, se la asociaba con la diosa Sejmet, la diosa de la guerra que destruía a los enemigos de Ra, ya que había heredado algunas de las cualidades más aterradoras de Sejmet. Bastet llegó a ser tan influyente que la gente creía que ayudaba a corregir las injusticias.

Los egipcios creían que si Bastet era ofendida, desataría plagas devastadoras sobre la humanidad. Una forma de ofender a la diosa era matando a un gato. El castigo por matar a un gato en el antiguo Egipto era la muerte. Según Heródoto, si un edificio se incendiaba, había que salvar primero a los gatos. Y si el gato de una casa moría, debían afeitarse las cejas en señal de respeto para evitar la ira de la diosa.

La batalla de Pelusio

Cuando Cambises II decidió invadir Egipto en el año 525 a. C., quedó claro que necesitaba derrotar a la ciudad de Pelusio para poder acceder al resto del país. El único problema era que Pelusio estaba muy fortificada y probablemente solo caería tras una larga batalla. Cambises II no se dejó intimidar y movilizó sus fuerzas contra la ciudad, pero fue rápidamente rechazado. El rey estaba decidido a conquistar Egipto e ideó un plan creativo. El respeto y el amor de los egipcios por los gatos estaban fuertemente establecidos. Como resultado, Cambises hizo que sus fuerzas capturaran varios animales callejeros, en su mayoría gatos. Su ejército recibió la orden de pintar la imagen de Bastet en sus escudos. Cuando su ejército avanzó por segunda vez sobre Pelusio, soltó a los animales delante de ellos.

Como resultado, los egipcios se vieron obligados a rendirse o a arriesgarse a ofender a Bastet, lo que creían que les acarrearía un gran desastre. Pelusio cayó, y Cambises II marchó por las calles en señal de victoria. Según la leyenda, Cambises lanzó gatos a los egipcios durante esta marcha para burlarse de ellos. A partir de ahí, Cambises II conquistó el resto de Egipto.

El dominio persa

Es poco probable que Cambises II invadiera Egipto por un insulto percibido, pero las acciones de Amosis II pueden haberle proporcionado la excusa que necesitaba para ir a la guerra. Los asirios habían demostrado que los egipcios no estaban equipados para ganar una guerra contra ejércitos extranjeros, y los persas eran cada vez más poderosos y estaban deseosos de expandir su territorio. Las riquezas y culturas de Egipto eran bastante conocidas en el mundo antiguo, por lo que la nación habría sido una tentación irresistible para el rey persa.

Por desgracia para Egipto, Psamético III no estaba preparado para las fuerzas persas invasoras, y Egipto cayó rápidamente ante el ejército persa. Cuando Egipto fue derrotado, Cambises II se llevó a la familia real egipcia y a muchos nobles a su capital en Susa. Al parecer, muchos nobles y gran parte de la familia real fueron ejecutados. A Psamético se le permitió vivir en la corte persa. Fue ejecutado poco después cuando se descubrió que estaba planeando una revuelta contra los persas. Cuando Psamético III murió, el Tercer Periodo Intermedio y la XXVI dinastía terminaron con él.

Los relatos sobre el dominio persa en Egipto varían. Los griegos afirmaban que Cambises era un déspota tirano que quemaba los templos egipcios y no mostraba ningún respeto por la cultura egipcia. Sin embargo, un almirante egipcio, Wedjahor-Resne, contemporáneo de Cambises II, afirmaba que el rey persa respetaba mucho a los egipcios y se esforzaba por mostrar respeto por la cultura de sus nuevos súbditos. Por desgracia para los egipcios, muchos de ellos fueron esclavizados por los persas y obligados a servir en el ejército de Cambises. Los persas consiguieron mantener un control relativamente firme de Egipto hasta el año 331 a. C., cuando llegó Alejandro Magno.

Alejandro Magno en Egipto

Alejandro Magno fue uno de los líderes militares más consumados del mundo. Conquistó muchos territorios y expandió la influencia griega más allá de lo que nunca había llegado. Cuando conquistó Tiro, puso sus ojos en Egipto. Muchas de las ciudades que se encontraban en el camino de Tiro a Egipto se sometieron rápidamente a su dominio en lugar de enfrentarse a la destrucción total. Por desgracia, Alejandro tuvo problemas en Gaza. La fortaleza estaba bien protegida y situada en una gran colina, lo que obligó a Alejandro a emprender un asedio. Se vio obligado a retirarse varias veces, pero su famosa determinación lo empujó a seguir luchando hasta que Gaza cayó. Cuando la fortaleza fue finalmente derrotada, las mujeres y los niños se convirtieron en esclavos, mientras que los hombres fueron ejecutados.

Alejandro fundando Alejandría

Desde allí, se adentró en Egipto y arrebató a los persas grandes porciones de territorio. Los egipcios acogieron con entusiasmo a Alejandro en su seno y lo coronaron rápidamente rey en Menfis, ya que estaban desesperados por librarse de los persas. Durante el dominio persa, muchos templos egipcios habían sido descuidados. Alejandro se ganó el favor de los egipcios renovando templos, construyendo monumentos, reformando el sistema fiscal y organizando su ejército.

En el año 332 a. C., Alejandro trató de legitimar su gobierno realizando grandes sacrificios a los dioses egipcios y honrando el oráculo de Amón-Ra. Los egipcios lo proclamaron hijo de Amón, y él respondió llamando a Zeus-Amón su verdadero padre. Su imagen se estampó en las monedas y lo mostraba con los cuernos de Amón, que simbolizaban su derecho a gobernar. Construyó la famosa ciudad de Alejandría y dejó una huella duradera en la historia de Egipto. A su muerte, le sucedió Ptolomeo I, que fundó la dinastía ptolemaica.

SEGUNDA PARTE:
Panorama del Egipto moderno
(332 a. C. - 2021 d. C.)

Capítulo 5:
El periodo grecorromano
(332 a. C. - 629 d. C.)

El periodo grecorromano abarcó desde la salida de Alejandro Magno de Egipto hasta la conquista de Egipto por parte de los rashidun hacia el año 639 de la era cristiana. Este periodo estuvo marcado por los grandes avances de la filosofía y la ciencia, así como por los gobernantes griegos y romanos que reinaron en Egipto durante esos años. La cultura y la religión que marcaron la época antigua de Egipto se mezclarían y formarían estrechos lazos con las culturas griega y romana. Durante este periodo, la famosa dinastía ptolemaica de Egipto subió al poder. Los ptolomeos eran una familia macedonia que gobernó Egipto durante siglos, pero conservando su identidad griega. Esto se logró mediante matrimonios mixtos que mantuvieron a los ptolomeos estrictamente griegos.

La última faraona ptolemaica, Cleopatra VII, establecería vínculos inquebrantables con Roma y participaría en una sangrienta guerra civil romana. Por desgracia, las fuerzas de Cleopatra perdieron y Egipto se convirtió en una provincia romana. Egipto sería el granero de Roma hasta que Diocleciano dividió el Imperio romano en dos. Egipto pasó a formar parte del Imperio bizantino. El periodo grecorromano fue uno de los más influyentes de la historia egipcia, griega y romana. Durante esta época, los imperios ascendieron y se hundieron, Alejandría se hizo más prominente y se construyeron importantes monumentos. Algunas de las figuras más famosas de la historia existieron durante esta época y dejaron su huella en la historia. Egipto dejó su herencia antigua firmemente en el pasado, ya que influyó e interactuó con los imperios más poderosos de su tiempo.

Ptolomeo I Sóter

Ptolomeo fue un noble macedonio que pudo ser hermanastro de Alejandro Magno a través del padre de Alejandro, Filipo II. Oficialmente, el padre de Ptolomeo era otro noble llamado Lagos, y aunque Ptolomeo era mayor que Alejandro, ambos se hicieron muy amigos. Ptolomeo actuó como historiador y registró muchas de las hazañas de Alejandro, al tiempo que señalaba su propia participación en varias batallas. También es probable que estuviera al lado de Alejandro en el año 332 a. C. cuando este se encontraba en Egipto. En esa época, Ptolomeo se convirtió en uno de los guardaespaldas personales de Alejandro. Esto es un claro indicio del alto aprecio que Alejandro tenía por Ptolomeo.

Ptolomeo I como faraón egipcio
https://commons.wikimedia.org/wiki/File:Ring_with_engraved_portrait_of_Ptolemy_VI_P hilometor_(3rd%E2%80%932nd_century_BCE)_-_2009.jpg

Cuando Alejandro murió en el año 323 a. C., entregó su anillo de sello a su jefe de caballería, Pérdicas, lo que pudo significar la intención de Alejandro de transferirle el poder. Pérdicas decidió mantener el imperio intacto, ya que la esposa de Alejandro, Roxana, estaba embarazada de un posible heredero. Sin embargo, los generales de Alejandro, liderados por Ptolomeo, se repartieron el imperio entre ellos, lo que dio lugar a las guerras de los Diádocos (o guerras de los sucesores). Pérdicas y Ptolomeo se odiaban mutuamente, y este odio culminó con un suceso impactante: el robo del cuerpo de Alejandro Magno. Pérdicas envió el cuerpo de Alejandro para enterrarlo en una tumba en Macedonia, pero Ptolomeo interceptó el cuerpo en el camino e hizo que lo enterraran en una tumba en Alejandría. Pérdicas estaba disgustado e intentó atacar Egipto, pero fracasó tres veces antes de que sus hombres se hartaran de él y lo hicieran ejecutar.

Ptolomeo centró toda su atención en gobernar Egipto, a diferencia de los otros generales que intentaron conquistar todo el territorio que pudieron. Trasladó la capital de Egipto a Alejandría para evitar el poder de los sacerdotes y consiguió estabilizar la economía egipcia. Bajo la dirección de Ptolomeo, Alejandría se convirtió en una ciudad principalmente griega. Para legitimar su gobierno, deificó a Alejandro Magno y declaró que era el heredero de Alejandro. Construyó un enorme museo y una biblioteca en Alejandría, y también inició la construcción del Faro de Alejandría. Ptolomeo I murió en torno al año 282 a. C. y dejó tras de sí la dinastía ptolemaica, firmemente establecida, que reinaría en Egipto durante casi tres siglos.

Alejandría

Alejandría es una ciudad portuaria situada en la costa del mar Mediterráneo, en Egipto, y fue fundada por Alejandro Magno hacia el año 331 a. C. La ciudad se hizo rápidamente popular tras su construcción y atrajo a miles de habitantes. Su influencia creció tras convertirse en la capital de Egipto durante la dinastía ptolemaica. La ciudad albergaba el famoso Faro de Alejandría, que se convirtió en una de las Siete Maravillas del Mundo Antiguo. También se encontraba la Biblioteca de Alejandría, que atrajo a algunos de los eruditos más destacados del mundo. Alejandro pretendía que Alejandría conectara Grecia con Egipto. Aunque Alejandro nunca volvió a Alejandría tras abandonar Egipto, la ciudad cumplió su propósito y se convirtió en un centro de la cultura helenística.

Faro de Alejandría
https://commons.wikimedia.org/wiki/File:Philip_Galle_-_Lighthouse_of_Alexandria_(Pharos_of_Alexandria)_-_1572.jpg

Alejandría se convirtió en el hogar de griegos, egipcios y judíos. La Septuaginta, que era una versión griega del Tanaj (la Biblia hebrea, que incluye la Torá, los Ketuvim y los Nevi'im), se produjo en Alejandría. Ptolomeo I tenía su propia visión de Alejandría y quería convertirla en una comunidad prominente e influyente en el Mediterráneo. Construyó la Biblioteca de Alejandría y un museo, e inició la construcción del Faro de Alejandría. La biblioteca reunía miles de rollos de papiro llenos de conocimientos sobre temas como la historia, la literatura, la ciencia y la filosofía. Eruditos de todo el mundo antiguo, especialmente de Grecia, acudían a la biblioteca. La ciudad reflejaba la gloria de la dinastía ptolemaica, y la familia gobernante apenas salía de la capital.

Influencias helenísticas en Egipto

No es de extrañar que Egipto estuviera profundamente influenciado por la lengua, la religión y la cultura griegas, ya que su dinastía gobernante era orgullosamente griega. Ptolomeo I eligió

Egipto como herencia de Alejandro Magno, ya que el país era rico en recursos naturales y estaba en buenas relaciones con los griegos. Pronto, Egipto se vio inundado por residentes griegos. Ptolomeo construyó una nueva ciudad en el Alto Egipto llamada Ptolemaida para albergar a todos los nuevos inmigrantes. La dinastía ptolemaica mostró un gran respeto por la cultura egipcia, pero hizo pocos intentos por sumergirse en las tradiciones egipcias. De hecho, la famosa Cleopatra VII, la última de los faraones, fue la única gobernante ptolemaica que aprendió a hablar egipcio.

Los ptolomeos tuvieron cuidado de no alterar el orden establecido en Egipto y básicamente dejaron en paz la religión egipcia. Permitieron a los sacerdotes egipcios funcionar con normalidad e incluso conservaron su estatus social de élite. Para ganarse el cariño de los egipcios, Ptolomeo I devolvió muchos objetos religiosos que habían sido robados por los persas. También estableció el culto a Alejandro Magno y el culto a Serapis, un dios sanador. El culto a Serapis nunca ganó popularidad y finalmente se desvaneció. Los ptolomeos introdujeron muchos aspectos helenísticos en la cultura egipcia, e hicieron del griego la lengua oficial del gobierno y la economía. Durante la mayor parte de la dinastía ptolemaica, estas influencias egipcias y griegas coexistieron en armonía.

La dinastía ptolemaica

Ptolomeo II Filadelfo sucedió a su padre, Ptolomeo I, en el trono hacia el 282 a. C. y se casó con Arsínoe I, hija del rey tracio Lisímaco. A cambio, Lisímaco se casó con la hermana de Ptolomeo II, Arsínoe II. A la muerte de Lisímaco, Ptolomeo II se casó con Arsínoe II. Luchó en las guerras sirias del 260 al 252 a. C., construyó varios puestos comerciales, completó el Faro de Alejandría y estableció el festival Ptolemaia. Ptolomeo II era conocido como uno de los grandes faraones de Egipto. Desgraciadamente, la dinastía ptolemaica sería conocida por los celos mezquinos, la traición y el incesto, esto último algo que arrastraron de las dinastías egipcias anteriores.

Ptolomeo III sucedió a su padre hacia el año 246 a. C. y se casó con Berenice II. Cuando una de sus hijas, también llamada Berenice, murió, se instituyó el Decreto de Canopo, que convertía a Berenice en diosa y sugería un nuevo calendario que constaba de

365 días en un año con un año bisiesto cada 4 años. Sin embargo, este calendario no se instituyó. Ptolomeo IV llegó al trono alrededor del año 221 a. C. y se casó con su hermana, Arsínoe III. Obtuvo cierto éxito en la cuarta guerra de Siria y construyó el Sema, que estaba destinado a honrar a los ptolomeos y a Alejandro Magno. Ptolomeo IV y Arsínoe III fueron víctimas de un golpe de estado hacia el 205 a. C.

Ptolomeo V heredó el trono de niño, pero se enfrentó a una serie de guerras que provocaron la pérdida de varios territorios egipcios. Ptolomeo VI también heredó el trono siendo un niño y gobernó junto a su madre. Por desgracia, su reinado también estuvo plagado de problemas, ya que luchó contra invasores externos y contra su propio hermano, Ptolomeo VIII. Ptolomeo VI murió en batalla hacia el año 145 a. C. y dejó el trono a Ptolomeo VIII.

Ptolomeo VIII era muy odiado, y estalló una guerra civil que duró del 132 al 124 a. C. A lo largo de la dinastía ptolemaica, la familia real y los habitantes de Alejandría vivieron una relación caótica, que dio lugar a varias rebeliones. A Ptolomeo VIII le sucedió Ptolomeo IX, que fue derrocado por su hermano durante un breve periodo antes de poder recuperar el trono.

Entretanto, Roma empezaba a alzarse como una potencia formidable. Varios faraones ptolemaicos se ganaron la desconfianza de sus ciudadanos al establecer estrechas relaciones con Roma. Egipto se dio cuenta de que era solo cuestión de tiempo que Roma intentara conquistar el rico país. Los siguientes faraones tuvieron relativamente poco impacto. Ptolomeo XIII se convirtió en faraón en el año 51 a. C. y se casó con su hermana, Cleopatra VII. Ptolomeo XIII y su hermana Arsínoe lucharon contra Cleopatra y Julio César, y fueron derrotados en la batalla. Arsínoe fue tomada como prisionera mientras que Ptolomeo XIII se ahogó en la batalla. César sustituyó a Ptolomeo XIII por Ptolomeo XIV, que gobernó junto a Cleopatra hasta que esta supuestamente lo hizo envenenar.

Finalmente, Cleopatra VII subió al trono por derecho propio, convirtiéndose en la última faraona egipcia.

La batalla de Accio

Cuando Cleopatra subió al trono egipcio en el año 51 a. C., empezó a entablar amistad con Roma y con su propio pueblo. Se interesó mucho por la cultura egipcia e incluso aprendió el idioma. Sin embargo, cuando Julio César murió en el 44 a. C., Roma se vio envuelta en una guerra civil que terminó con el Segundo Triunvirato, una coalición formada por los herederos de Julio César: Octavio, Marco Antonio y Lépido. El Triunvirato dividió el imperio en partes manejables. Marco Antonio eligió gobernar la parte oriental del imperio, lo que le puso en contacto directo con Cleopatra. Ambos iniciaron un tempestuoso romance.

Batalla de Accio
https://commons.wikimedia.org/wiki/File:Castro_Battle_of_Actium.jpg

La relación entre el Triunvirato se deterioró y pronto Marco Antonio y Octavio se enzarzaron en una acalorada disputa que culminó en la batalla de Accio en el año 31 a. C. Las dos fuerzas enfrentadas utilizaron sus flotas en la batalla, y aunque Cleopatra proporcionó a Marco Antonio abundantes recursos, este perdió. Marco Antonio y Cleopatra pudieron escapar con algunos de sus barcos. Un año después, Octavio llegó a Egipto para reclamar su premio. Marco Antonio murió en la batalla y Cleopatra se suicidó. El hijo de Cleopatra con César, Cesarión (heredero legítimo de Egipto), fue ejecutado por Octavio, que se convirtió en César Augusto en el 27 a. C. Egipto fue asimilado al Imperio romano.

El Egipto romano

Durante el apogeo del Imperio romano, el Mediterráneo era conocido como el «lago romano». Egipto se convirtió en el granero del imperio. Los cultivos y los alimentos se exportaban fuera de Egipto y se transportaban al resto del Imperio romano. Los recursos de Egipto eran sistemáticamente saqueados para el bien de Roma. En su mayor parte, Roma respetó la cultura egipcia, y se permitió a los egipcios continuar como lo habían hecho bajo la dinastía ptolemaica. Uno de los mayores cambios fue el hecho de que Egipto se sometiera al derecho romano, que tenía prioridad sobre cualquier ley egipcia. Roma mantuvo el control de Egipto a través de un gobernador designado. Una flotilla estaba estacionada en el Nilo y tres legiones aseguraban el control romano en tierra.

La religión egipcia se mantuvo, pero los ciudadanos helenos tuvieron prioridad y pronto formaron las clases de élite. Las grandes ciudades fueron las que más influencia recibieron de la cultura helénica, mientras que los campesinos egipcios y las zonas rurales seguían ajustándose a las antiguas tradiciones y cultura. Bajo el Imperio romano, se permitió a la aristocracia adquirir tierras para sí misma y rápidamente obtuvo el control de enormes propiedades privadas. Los alimentos, las especias y otros artículos de lujo procedentes de Oriente se transportaban por el Nilo hasta Alejandría y luego al resto del imperio. Pronto, Alejandría contaba con una enorme población griega y judía, lo que a veces causaba problemas a los emperadores romanos. Por ejemplo, la población judía intentó quemar el anfiteatro de Alejandría durante el reinado de Nerón. Unas cincuenta mil personas murieron durante la revuelta, y Roma envió dos legiones para hacer frente al problema.

Al principio, Egipto aceptó la ocupación romana, pero en el año 115 d. C., los disturbios habían estallado y se hizo evidente que los egipcios estaban cansados del dominio romano. Durante las siguientes décadas, Egipto sería continuamente un lugar de disturbios y rebeliones contra los romanos hasta que Roma acabó cayendo.

Vespasiano

A la muerte de Nerón, hacia el año 68 de nuestra era, estallaron una serie de guerras civiles en las que los romanos intentaron determinar quién sería su nuevo líder. Cuatro hombres intentaron reclamar el trono romano, lo que dio lugar al «año de los cuatro emperadores». Galba, Otón, Vespasiano y Vitelio intentaron convertirse en el próximo emperador de Roma. Con el tiempo,

Vitelio y Vespasiano fueron los únicos contendientes sobre el terreno.

Un busto de Vespasiano

Imperator_Caesar_Vespasianus_Augustus_Vaux.jpg: Obra derivada de Jebulon: Jebulon, CC0, vía Wikimedia Commons;

https://commons.wikimedia.org/wiki/File:Imperator_Caesar_Vespasianus_Augustus_Vaux_1.jpg

Vespasiano era de origen relativamente humilde; su padre era un caballero y antiguo recaudador de impuestos. Con el tiempo, Vespasiano se incorporó al Senado romano y disfrutó de una exitosa carrera militar que lo llevó a ser pretor en el año 39. Se aseguró de mantener buenas relaciones con los siguientes emperadores romanos, incluidos Claudio y Nerón. Durante la lucha por el poder para determinar el próximo emperador de Roma, Vespasiano se abstuvo de luchar, ya que no esperaba ganar a Galba. Sin embargo, cuando Galba fue asesinado, Vespasiano surgió como aspirante al trono. Otón fue derrotado y se suicidó. Vespasiano viajó a Alejandría con la esperanza de sabotear las líneas de suministro de Vitelio. Durante ese tiempo, los aliados de Vespasiano consiguieron derrotar a Vitelio, que fue asesinado en Roma. Vespasiano quedó como claro vencedor y fue declarado emperador de Roma estando aún en Alejandría.

Tan pronto como Vespasiano fue emperador, comenzó a buscar formas de estabilizar el imperio tras el desastroso gobierno de Nerón y las posteriores guerras civiles. Aumentó los ingresos de Roma (aunque su política financiera fue inmensamente impopular y causó descontento en Egipto) y estabilizó el ejército. Murió hacia el año 79 tras una larga y exitosa carrera.

Diocleciano

En el año 284, los días de emperadores romanos notables, como Vespasiano y Augusto, habían terminado. El Imperio romano era una sombra de lo que fue y se enfrentaba a graves rebeliones y disturbios. Todo esto cambió cuando Diocleciano subió al trono. Diocleciano nació en la provincia de los Balcanes hacia el año 245. Se alistó en el ejército y rápidamente alcanzó la fama. Sirvió a las órdenes del emperador Caro como uno de los guardaespaldas del emperador. A la muerte de Caro, dejó el trono a su hijo Numeriano, que probablemente fue asesinado por su suegro, Arrio Apro. Diocleciano vengó la muerte del emperador y se convirtió en emperador romano en noviembre de 284.

Diocleciano se dio cuenta de que Roma se había vuelto demasiado grande para gobernar con eficacia y dividió el imperio en dos. Nombró a su yerno, Maximiano, como César del Imperio romano de Occidente mientras él supervisaba el de Oriente. Diocleciano consiguió grandes victorias en Oriente contra Persia y a lo largo del río Danubio. Abdicó del trono junto con Maximiano en 305 y se retiró a su enorme palacio en la actual Croacia. Por desgracia, el Imperio romano sufrió más problemas en las décadas siguientes. El Imperio romano de Occidente cayó en 476, mientras que el Imperio romano de Oriente continuó. La mitad oriental del imperio también se conoce como el Imperio bizantino.

El Imperio bizantino

Diocleciano fue el último emperador romano que visitó personalmente Egipto. Cuando el Imperio romano se dividió en dos partes, Occidente dejó de tener un efecto importante en Egipto. En el año 330 se formó Constantinopla, lo que restó parte de la influencia de Alejandría. Sin embargo, Constantinopla seguía necesitando el grano de Egipto, y este pronto se convirtió en una parte políticamente importante del Imperio romano de Oriente.

Con el tiempo, el Imperio bizantino se convirtió en un estado cristiano. Las influencias grecorromanas se fueron desvaneciendo a medida que las influencias «orientales» se iban imponiendo. Sin embargo, Alejandría siguió siendo una ciudad influyente dominada por la violencia religiosa.

En el siglo V, Egipto estaba controlado por varias iglesias cristianas importantes. El cristianismo ganó rápidamente popularidad, ya que atraía tanto a los ricos como a los pobres. Las iglesias y los monasterios proporcionaban edificios comunales, como cisternas de agua, panaderías, talleres, establos, cocinas y otros recursos que permitían a las comunidades ser prósperas y autosuficientes. Sin embargo, las iglesias estaban dominadas por patriarcas rivales que luchaban entre sí por el poder. La religión se volvió complicada y política, lo que puede haber contribuido a la caída del cristianismo durante la invasión árabe en el siglo VII. Mientras que el islam atrajo a muchos seguidores en la región, el cristianismo permaneció en Egipto durante los siglos siguientes.

La filosofía en Egipto

Durante muchos siglos, los griegos consideraron a Egipto como un lugar de filosofía y conocimiento. Muchos eruditos y filósofos griegos se sintieron atraídos por Egipto, y por Alejandría en particular, cuando los ptolomeos tomaron el control del país. Según la leyenda, Pitágoras viajó a Egipto para adquirir más conocimientos, ya que los egipcios eran conocidos por sus actividades filosóficas. A Pitágoras se le atribuye el haber llevado la filosofía a los griegos, al menos según el famoso erudito griego Isócrates. Platón creía que los egipcios inventaron la aritmética, las letras y los números. Sócrates también tenía en alta estima a los egipcios y afirmaba que Solón viajó a Egipto para perfeccionar sus propios conocimientos.

Sin duda, Egipto tenía uno de los sistemas políticos más antiguos del mundo, y Aristóteles afirmaba que Egipto era la tierra original de la sabiduría. Durante el periodo grecorromano, Egipto mantuvo su reputación como tierra de sabiduría, y Alejandría se convirtió en el hogar de eruditos de todo el mundo. Estos eruditos trabajaban en la Biblioteca de Alejandría y contribuían a su contenido. Desgraciadamente, la biblioteca fue descuidada durante el dominio romano y destruida por una serie de incendios, lo que provocó la pérdida de inmensos conocimientos. Aunque Alejandría siguió siendo un centro intelectual, su influencia decayó con el paso del tiempo.

Capítulo 6: El Egipto medieval (650-1520 d. C.)

La historia del antiguo Egipto está llena de relatos de poderosos faraones que hicieron de su imperio una brillante potencia mundial. Desgraciadamente, los faraones fueron incapaces de mantener su poder, lo que permitió que Egipto fuera gobernado por varias dinastías extranjeras. Cuando Alejandro Magno llegó a Egipto, la época de las pirámides y los poderosos faraones autónomos había terminado. En los siglos siguientes, Egipto pasaría de los griegos a los romanos antes de acabar formando parte del Imperio bizantino.

Sin embargo, Egipto pronto dejó de pertenecer al Imperio bizantino cuando fue conquistado por la dinastía sasánida. Con el tiempo, Egipto experimentó otra gran convulsión cuando fue conquistado por el califato islámico Rashidun. Este periodo dio inicio a la época medieval, marcada por los reyes islámicos extranjeros que gobernaron Egipto. La era medieval fue una época de grandes cambios, avances y descubrimientos para Egipto, pero también hubo periodos de guerra y devastación.

El Egipto sasánida

Durante años, Egipto fue una provincia dependiente del Imperio bizantino; sin embargo, el imperio conoció tiempos difíciles cuando Mauricio subió al trono hacia el año 582. El reinado de Mauricio fue difícil y estuvo plagado de guerras. En aquella época, Persia estaba gobernada por la dinastía sasánida; este imperio también se conoce como Imperio neopersa. Aunque Mauricio fue un exitoso comandante militar, llevó a sus tropas demasiado lejos y fue derrocado por Focas y ejecutado en 602. Este acontecimiento provocó un gran malestar en el Imperio bizantino. El sah persa de la época, Cosroes II, aprovechó esta oportunidad y comenzó a conquistar las tierras bizantinas, incluyendo el norte de Mesopotamia, Palestina y Siria. En el año 618, Cosroes II invadió Egipto y conquistó Alejandría.

Tras la caída de Alejandría, el resto de Egipto fue conquistado por los persas, y en 621, Egipto se había convertido en una provincia persa. La invasión inicial de Egipto provocó graves daños y pérdidas, pero una vez que los persas tuvieron el control, comenzaron a reconstruir partes del país. Aunque Egipto había pasado a formar parte de un imperio diferente, los sasánidas utilizaban muchas de las mismas políticas administrativas que el Imperio bizantino. Algunas familias iraníes incluso se establecieron en el país, lo que significa que las dos civilizaciones pudieron coexistir pacíficamente.

El general Sharvaraz gobernó Egipto en nombre del sah persa. Unos años más tarde, Heraclio, el emperador bizantino, derrotó a los persas, que abandonaron Egipto en el año 629. Aunque el Imperio bizantino pudo recuperar Egipto, el imperio se había debilitado por la pérdida de sus territorios clave y lucharía por mantener muchas de sus provincias.

La conquista musulmana de Egipto

El Imperio bizantino consiguió mantener Egipto durante otra década antes de que este fuera invadido de nuevo. En el año 639, el califato Rashidun dirigió una fuerza sobre la frontera egipcia. El ejército estaba formado por soldados romanos y persas que se habían convertido al islam. El ejército rashidun sitió Pelusio, lo cual duró unos dos meses. Mientras tanto, al ejército invasor se le habían unido muchos beduinos del Sinaí, lo que aumentó su número. Muchas ciudades egipcias fueron conquistadas o se rindieron ante las fuerzas invasoras. Los bizantinos y los musulmanes se enfrentaron en la batalla de Heliópolis, donde el ejército bizantino fue derrotado con contundencia. En 641, las fuerzas rashidun se dirigieron a Alejandría. Las fuerzas bizantinas consiguieron retrasar el avance de los musulmanes, pero los invasores no tardaron en llegar a Alejandría.

El Imperio bizantino envió un enorme ejército para defender la ciudad, lo que provocó el asedio de Alejandría en 641. La ciudad no era una fácil de conquistar, y el ejército bizantino había instalado catapultas en las murallas de la ciudad para protegerla de los invasores. Fue un asedio difícil, pero los musulmanes derrotaron al ejército bizantino y Alejandría se rindió. Cuando los musulmanes entraron en Alejandría, se encontraron con una magnífica ciudad que contaba con palacios, lugares de esparcimiento y enormes cantidades de riqueza. Egipto era muy rico y su pérdida tuvo graves consecuencias para el Imperio bizantino. El Mediterráneo había sido conocido como el «lago romano», pero ahora se estaba dividiendo lentamente entre el Imperio bizantino y el califato musulmán. Aunque los musulmanes habían conquistado el Imperio persa, los bizantinos pudieron resistir la invasión gracias a las extensas fortificaciones de Constantinopla.

El califato Rashidun

El profeta Mahoma fue el líder musulmán más influyente que dio el ejemplo de liderazgo islámico y dejó un gran número de Ansar. Entre sus funciones estaba la de garantizar que los califas prestaran atención al Corán y a la Sunna. Los Rashidun fueron los cuatro primeros líderes (califas) de la comunidad musulmana. Como califas, los Rashidun eran responsables de dirigir las oraciones en la mezquita, pronunciar sermones y comandar el ejército. Los Rashidun ampliaron las fronteras del Estado Islámico a Irak, Palestina, Irán, Armenia, Siria y Egipto. También instituyeron el calendario islámico y reforzaron la comunidad islámica mediante los estudios religiosos. Durante el califato de los Rashidun, el Estado Islámico conquistó grandes porciones de territorio, que con el tiempo se volvieron difíciles de controlar. Estaba claro que tendrían que aplicar políticas administrativas más prácticas, ya que la teocracia no era suficiente para gobernar las distintas regiones.

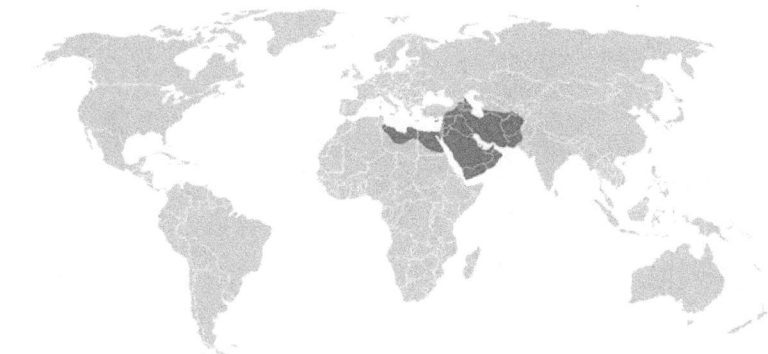

Territorios del califato Rashidun

El primer califa Rashidun fue Abu Bakr, que utilizó el título de «Khalifat rasul Allah», que finalmente se acortó a *khalifa* y se convirtió en califa. Abu Bakr fue sucedido por Umar, quien creó un comité que se encargaría de elegir a su sucesor en el año 644. El comité eligió a Uthmán ibn Affan para ser el siguiente califa, pero su reinado estuvo marcado por acusaciones de nepotismo, ya que se permitió a su tribu, los Banu Omeya, obtener una influencia significativa. Uthmán eligió a miembros de su familia para gobernar los territorios conquistados. Uthmán fue asesinado en 656 por rebeldes egipcios, y el califato se ofreció a Ali ibn Abi Talib.

Alí fue asesinado en 661, y su hijo, Hasan, fue nombrado califa, pero fue desafiado por Muawiya, que finalmente se convirtió en califa en lugar de Hasan. El califato Rashidun terminó con Alí y los territorios islámicos pasaron a estar bajo el control del califato omeya de Muawiya. Bajo los omeyas, el papel de califa pasó a ser el mismo que el de un rey secular.

La vida en el primer Egipto islámico

Cuando las fuerzas musulmanas invadieron Egipto, establecieron un centro cerca de Babilonia llamado Fustat, que se convirtió en la sede del gobernador y en un centro administrativo. Poco después de completarse la invasión, Egipto se dividió de nuevo en Alto y Bajo Egipto, ya que así era más fácil controlar el territorio. Sin embargo, el califa Uthmán pronto reunió a Egipto bajo un solo gobernador que debía residir en Fustat. El gobernador se encargaría de cuidar de Egipto, y se le permitió nombrar hombres para controlar el Alto y el Bajo Egipto.

Obra de arte de Fustat

Los musulmanes contaban con una fuerte fuerza militar formada en su mayoría por colonos y soldados árabes. Rápidamente se formó una clase de élite compuesta por hombres que gozaba de importantes privilegios. Se mantuvieron muchos de los antiguos sistemas de administración, incluida la fiscalidad, lo que habría facilitado la transición de poder. Muchos egipcios siguieron siendo cristianos y se les permitió practicar su religión libremente. Siempre que proporcionaran tributo al ejército, estaban exentos del servicio militar. En aquella época, las conversiones al islam eran todavía algo raro.

El califato abasí

La dinastía omeya fue derrocada por la dinastía abasí en el año 750. Durante la dinastía omeya, los musulmanes no árabes, o *mawali*, eran considerados de clase baja, lo que provocaba muchas fricciones. Cuando los abasíes tomaron el poder, favorecieron mucho a los mawali y acusaron a los califas omeyas de ser inmorales e incapaces de gobernar. Los abasíes acogieron a los persas en su corte y trasladaron su capital de Damasco a Bagdad, lo que les valió la aprobación de sus partidarios mawali. Los abasíes eran descendientes del tío de Mahoma, Abbas ibn Abd al-Muttalib, que se ganó el apoyo de los musulmanes chiíes. (El islam se dividió en dos facciones, los suníes y los chiíes, tras la crisis de sucesión que se produjo tras la muerte de Mahoma). Sin embargo, una vez que los abasíes empezaron a gobernar, volvieron a cambiar su lealtad a los musulmanes suníes.

La dinastía abasí gobernó durante más de trescientos años y logró impresionantes hazañas, como el fortalecimiento del dominio islámico, que luego condujo a la Edad de Oro del islam. Este periodo es conocido como una época de grandes avances científicos, económicos y culturales en la cultura islámica. Durante la dinastía abasí, el cargo de visir y los emires locales elegidos (título de un alto cargo dentro de la comunidad musulmana) dieron a ciertos hombres una influencia increíble. Con el tiempo, los califas se convirtieron en cargos ceremoniales mientras los visires ejercían un mayor poder. Esto condujo al declive del califato abasí. En la década de 860, Egipto fundó el emirato tuluní, dirigido por Ahmad ibn Tulun. Este emirato gobernaba por separado del califato. Los tuluníes consiguieron controlar gran parte de Egipto, Palestina y el Hiyaz (región del oeste de Arabia Saudí).

En 909, el chií Ubayd Allah al-Mahdi Billah se declaró califa, lo que dio inicio a un nuevo califato en el norte de África. Este nuevo califato fue gobernado por la dinastía fatimí, descendiente de una de las hijas de Mahoma.

El califato fatimí

La dinastía fatimí rechazó a la dinastía abasí por considerarla usurpadora, ya que estaba controlada por musulmanes suníes que querían hacerse con el control de todo el califato islámico. Sin embargo, los fatimíes solo pudieron asegurar el norte de África y parte de Oriente Medio. Mientras que otros califas se habían contentado con reconocer a los abasíes y solo querían controlar regiones concretas, los fatimíes estaban decididos a crear un califato completamente nuevo. Los fatimíes se establecieron en la costa de Túnez, donde intentaron conquistar Egipto. Les llevó varias décadas, pero finalmente lograron su objetivo en el año 969. Los fatimíes lograron conquistar el valle del Nilo. Desde allí, tomaron el Sinaí, Palestina y el sur de Siria. Los fatimíes basaron su imperio en Egipto y nunca vacilaron en su objetivo de convertirse en el único califato islámico.

En su apogeo, la dinastía fatimí controlaba Sicilia, el norte de África, parte de la costa del mar Rojo, Palestina, Siria, Yemen, La Meca y Medina. El control de las ciudades sagradas era extremadamente importante, ya que añadía un increíble prestigio religioso al reinado de un gobernante musulmán. Durante el gobierno fatimí, el derrocamiento del califato abasí fue quizá la misión más importante, y los gobernantes chiíes enviaron misioneros y agentes a los territorios abasíes para conseguir apoyo y conversos. En 1057, los fatimíes se habían expandido hacia el este y casi consiguieron hacerse con el control de Bagdad. Sin embargo, los fatimíes acabaron fracasando en su misión final, ya que la rama suní del islam era reacia a adoptar las doctrinas chiíes. En el siglo XII habían comenzado las Cruzadas, que obligaron a suníes y chiíes a luchar contra los cristianos invasores.

Egipto durante el califato fatimí

Cuando los fatimíes conquistaron Egipto, construyeron la ciudad de El Cairo, que debía ser la residencia real del califa fatimí. Fustat siguió siendo la capital administrativa de Egipto hasta 1169. Egipto prosperó bajo el gobierno fatimí, ya que la dinastía desarrolló las rutas comerciales e impulsó la economía. Pronto, las rutas comerciales de Egipto se extendieron a lo largo del mar Mediterráneo y el océano Índico y llegaron hasta China. Los fatimíes practicaban la tolerancia religiosa, permitiendo que cristianos y judíos vivieran pacíficamente en Egipto. También daban más importancia a la capacidad que al nepotismo, lo que significaba que cualquiera podía ascender rápidamente en el gobierno si tenía las habilidades necesarias.

Los fatimíes mantenían un enorme ejército de mamelucos (esclavos), lo que permitió a los mamelucos convertirse en una clase de élite de caballeros y guerreros. Algunos mamelucos llegaron a ser sultanes y se les permitió ocupar puestos de poder. Además de la economía, los califas fatimíes también fomentaron las actividades intelectuales y construyeron sofisticadas bibliotecas. Promovieron la libertad de pensamiento, lo que permitió a los eruditos expresar sus pensamientos y opiniones sin temor a la persecución. Una vez más, Egipto se convirtió en un centro de conocimiento, filosofía y literatura. Los eruditos venían de todo el mundo para beneficiarse de este intercambio de conocimientos y elogiaban las grandes bibliotecas de Egipto. Los califas fatimíes fueron mecenas de muchos eruditos y los nombraron en puestos destacados de su corte. Por desgracia, la dinastía fatimí decayó durante el siglo XI, lo que permitió a Saladino invadir Egipto en 1171.

Saladino fue el fundador de la dinastía ayubí, lo que supuso la devolución de las tierras fatimíes al califato abasí.

La peste negra en Egipto

Antes de profundizar en Saladino y en la situación política de Egipto, echemos un vistazo a un importante acontecimiento ocurrido durante la época medieval. La peste negra fue una pandemia de peste bubónica que tuvo lugar entre 1346 y 1353 y que causó entre 75 y 200 millones de muertes en Eurasia y el norte de África. Es probable que la peste negra comenzara en Asia Central, pero la primera evidencia de la pandemia se localizó en Crimea en 1347. Desde allí, la peste fue transportada por las pulgas que infestaban las ratas de los barcos comerciales, lo que permitió que la peste se transportara por todo el mundo conocido. Se extendió por la cuenca mediterránea hasta África, Asia occidental y Europa. Una vez que la gente se contagiaba de la peste, esta se propagaba rápidamente, lo que hacía que la peste se extendiera a zonas a las que no podían llegar los barcos comerciales. Los expertos han sostenido que la peste negra hizo que la población mundial pasara de unos 475 millones a unos 350 o 375 millones.

La pandemia causó la muerte de millones de personas, lo que tuvo un efecto duradero en muchas civilizaciones. Como muchas zonas experimentaron una grave despoblación, la peste provocó cambios sociales, religiosos y económicos. La peste negra llegó a Alejandría hacia 1347, cuando un barco mercante infectado que transportaba esclavos llegó desde Constantinopla. Al año siguiente, la peste había llegado a El Cairo, que era la mayor ciudad de la cuenca mediterránea, así como el centro cultural de la comunidad islámica. Según algunas estimaciones, la peste diezmó cerca del 40% de la población egipcia. Antes de la peste, El Cairo tenía unos 600.000 habitantes, y la peste negra mató a un tercio de la población de la ciudad. Aunque la ciudad contaba con un hospital en funcionamiento, la gravedad de la peste y el gran número de infectados desbordaron los recursos de la ciudad. Se dice que el Nilo se atascó de cadáveres porque los sepultureros y los practicantes de ritos funerarios no podían atender la demanda.

Los efectos devastadores de la peste negra fueron diferentes según la ubicación geográfica. Los centros urbanos abarrotados fueron las zonas más afectadas, pero eso no significa que las ciudades rurales estuvieran exentas de la tragedia.

El sultanato mameluco

Los mamelucos eran soldados esclavos que formaban una clase combatiente de élite en Egipto y posteriormente en el Imperio otomano. Primero sirvieron a los califas abasíes y solían ser turcos no musulmanes que habían sido capturados en regiones al norte del mar Negro, la actual Rusia. Estos soldados se convirtieron al islam y se les encomendó la tarea de proteger y servir a los califas, aunque con el tiempo llegaron a ser muy poderosos, especialmente en Egipto. Los mamelucos se entrenaban como soldados de caballería y tenían un código de conducta llamado *furusiyya*, que fomentaba valores como el valor y la generosidad. Todos los mamelucos recibían un extenso entrenamiento, lo que garantizaba que las fuerzas mamelucas estuvieran siempre listas para luchar.

Cuando Saladino conquistó gran parte de Oriente Próximo, fundó la poderosa dinastía ayubí. A su muerte, sus herederos se disputaron el control de su vasto imperio. Cada uno de sus herederos empleó grandes séquitos de fuerzas mamelucas con la esperanza de hacerse con el imperio. El hermano de Saladino, Al-Adil, consiguió finalmente hacerse con todo el imperio tras derrotar a sus hermanos y sobrinos, y añadir sus séquitos mamelucos a los suyos. Los ayubíes continuaron con esta práctica hasta que se vieron completamente rodeados por los mamelucos, que acabaron convirtiéndose en una parte esencial de la corte ayubí.

En 1250, el sultán egipcio Turanshah murió, por lo que su esposa, Shajar al-Durr, tomó el poder con el apoyo de los mamelucos. Sin embargo, necesitaba una contraparte masculina, así que se casó con un comandante mameluco llamado Aibek durante la séptima cruzada. Aibek fue asesinado más tarde, y un mameluco llamado Qutuz tomó el poder y formó el sultanato mameluco, que gobernaría Egipto hasta aproximadamente 1517, cuando fue derrotado por el Imperio otomano.

La guerra otomano-mameluca

En 1453, Constantinopla cayó en manos del Imperio otomano, lo que pondría en contacto a los otomanos con los mamelucos. Ambas potencias lucharon por el monopolio del lucrativo comercio de especias. Los otomanos conquistaron muchas regiones de Oriente Medio, incluidas las ciudades santas islámicas, y tenían sus ojos puestos en Egipto.

Los mamelucos respondieron reclutando a personas de las zonas rurales para que se unieran a su ejército, pero esto provocó una escasez de alimentos y suministros necesarios, ya que no había suficientes personas para mantener el trabajo en las granjas. Esta escasez provocó una hambruna que debilitó gravemente a Egipto. Los otomanos y los mamelucos acabaron entrando en guerra en 1516, y aunque ambos ejércitos tenían más o menos los mismos efectivos, los otomanos tenían una clara ventaja. Solo una pequeña parte del ejército mameluco estaba formada por soldados entrenados y luchaban con armas anticuadas, como arcos y flechas. Los otomanos tenían un ejército curtido en la batalla y equipado con armas modernas como el arcabuz. Los mamelucos eran increíblemente orgullosos y optaron por confiar en los métodos tradicionales, lo que provocó su caída. Los otomanos ganaron la guerra en 1517 y se hicieron con el control de Egipto. A pesar de su derrota, a los mamelucos se les permitió continuar como una clase de esclavos-soldados, pero nunca recuperaron el poder y el estatus que disfrutaron durante el sultanato mameluco.

Los otomanos colocaron un gobernador en Egipto, que fue protegido por una fuerza altamente entrenada de soldados otomanos. Gracias a su victoria en Egipto, los otomanos pudieron lanzar ataques contra otros reinos africanos, ampliando aún más sus fronteras. Gracias a sus victorias militares, los otomanos tenían el control de las ciudades santas islámicas, lo que convirtió a los gobernantes otomanos en califas de todo el mundo musulmán, incluido Egipto. Mantendrían esa distinción hasta el siglo XX.

Capítulo 7: El primer Egipto moderno (1520-1914)

La historia medieval de Egipto estuvo repleta de guerras, plagas mortales y gobiernos siempre cambiantes que tuvieron un poderoso efecto en el país y en su gente. Durante ese tiempo, la religión nacional cambió varias veces, ya que los egipcios pasaron de una religión pagana tradicional al cristianismo y luego al islam. Además de afectar a la población egipcia, estos cambios religiosos también tuvieron un efecto en las políticas legales, económicas y administrativas. El periodo medieval comenzó con la invasión sasánida y terminó con la invasión otomana, que convirtió a Egipto en parte del Imperio otomano. Este cambio de gobierno condujo al inicio del período moderno temprano de Egipto, que duraría hasta la Primera Guerra Mundial.

Aunque el período moderno temprano fue varios siglos más corto que el período medieval, no fue menos emocionante. Durante el periodo moderno temprano, Egipto tuvo que adaptarse a la vida bajo el dominio de los otomanos, lo que contribuyó al declive de la economía y la cultura egipcias. Egipto también sobreviviría a una terrible hambruna, a gobernantes tanto débiles como poderosos, a una invasión francesa, a la llegada de los británicos y a la agitación económica provocada por la intromisión de fuerzas extranjeras en los asuntos egipcios. Todos estos acontecimientos contribuyeron a dar forma a la cultura egipcia cuando el país dejó atrás la época medieval e inició su camino hacia la modernidad.

El Imperio otomano

Cuando los otomanos se apoderaron de Egipto, el país volvió a convertirse en una provincia. Los otomanos gobernaban desde Constantinopla y utilizaban Egipto como granero y fuente de ingresos, que obtenían a través de los impuestos. Desgraciadamente, Egipto había empezado a decaer bajo el gobierno de los mamelucos, y la invasión otomana no ayudó mucho a la posición económica de Egipto. Como resultado del declive económico, la cultura egipcia se vio afectada y comenzó un declive constante. Sin embargo, los otomanos no fueron los únicos responsables de estos cambios, ya que instituyeron varias políticas para asegurarse de beneficiarse de la prosperidad de Egipto. Sin embargo, la élite egipcia a menudo no colaboraba con el gobierno, lo que habría repercutido en los intentos de los otomanos por reactivar la economía.

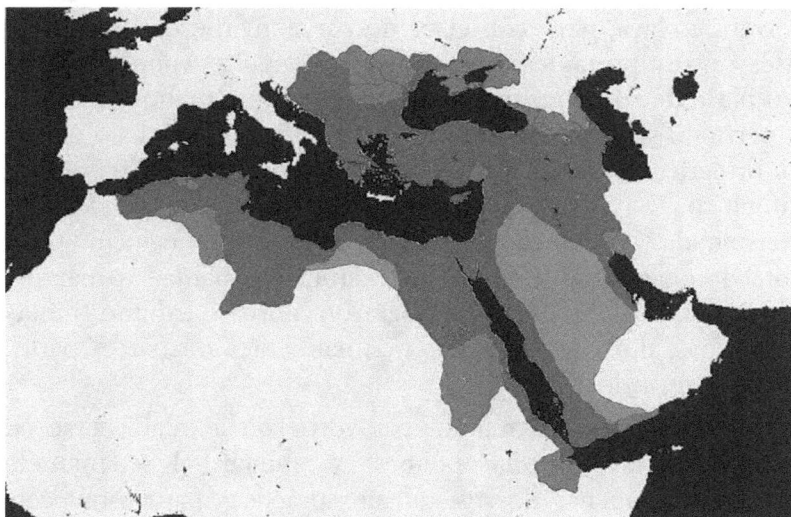

Mapa del Imperio otomano en su apogeo
Dodobondo, CC BY-SA 4.0 https://creativecommons.org/licenses/by-sa/4.0 vía Wikimedia Commons; https://commons.wikimedia.org/wiki/File:Ottoman-Empire-peak-1590-map.jpg

Los otomanos se apresuraron a establecer su autoridad en Egipto y, en 1525, Solimán el Magnífico nombró a un gran visir, Ibrahim Pachá, encargado de gobernar Egipto en nombre de su monarca. Ibrahim nombró a un virrey y a un consejo de asesores que contaría con el apoyo de un importante ejército. Los otomanos también separaron Egipto en cuatro provincias manejables, que serían asignadas a inspectores que supervisarían la administración y los impuestos. El gobierno egipcio estaba controlado por funcionarios de Constantinopla, pero con el tiempo, los mamelucos pudieron obtener puestos dentro del gobierno.

Una vez que los otomanos establecieron su autoridad en Egipto, pusieron sus miras en la expansión de sus fronteras hacia el sur. Egipto era la base perfecta para sus nuevas invasiones, y pronto los otomanos pudieron controlar Nubia. También lucharon contra los portugueses por el control del mar Rojo. Establecieron una colonia en Mitsiwa (la actual Eritrea) y conquistaron Yemen y Adén. El Imperio otomano era principalmente musulmán y utilizaba su religión como base de muchas funciones de gobierno.

La élite mameluca

Los mamelucos fueron durante mucho tiempo una clase importante en Egipto. Al principio eran simplemente una clase guerrera esclava, pero con el tiempo se convirtieron en una de las clases más importantes de la sociedad egipcia. Aunque perdieron gran parte de su poder tras perder la guerra otomano-mameluca, se les permitió seguir existiendo en la sociedad egipcia bajo el control del Imperio otomano. Con el tiempo, los otomanos nombraron mamelucos para que actuaran como inspectores o *kashifs* de determinadas provincias egipcias. El ejército egipcio también contaba con un gran número de mamelucos llamados mamelucos circasianos. Los mamelucos lograron abrirse camino hasta los cargos más altos del gobierno y, finalmente, formaron parte del consejo asesor del virrey.

Con el tiempo, los mamelucos volvieron a establecerse como una poderosa potencia política y militar. Los mamelucos conservaron muchas de sus antiguas prácticas para fortalecer sus filas. Los mamelucos de élite compraban esclavos y los entrenaban según las tradiciones mamelucas. Una vez que el esclavo estaba entrenado, se lo incorporaba a la casa mameluca antes de concederle la libertad. En el siglo XVII, los mamelucos de élite ejercían de beys. Un bey solía ser el gobernador de una provincia (o un cargo igualmente importante). Los beys recibían salarios del Imperio otomano. Aunque los mamelucos seguían pagando tributo a los otomanos y eran supervisados por el virrey, eran esencialmente la clase más poderosa de Egipto. En el siglo XVIII se creó el título de shaykh al-balad, que significaba jefe de la ciudad. Este título se otorgaba al bey más fuerte. Con el tiempo, dos emires, Ali Bey y Abu al-Dahab, lograron establecer un poder independiente. En 1786, los otomanos intentaron conquistar a los mamelucos, pero se vieron obligados a retirar su ejército un año después. Los mamelucos establecieron una coalición de dos gobernantes (Murad Bey e Ibrahim Bey), que gobernaron Egipto hasta 1798.

La cultura egipcia durante el Imperio otomano

Egipto experimentó un auge cultural durante el gobierno de los mamelucos y la dinastía fatimí. Los individuos importantes de esos poderes gobernantes tenían la costumbre de apoyar a los eruditos. Esto dio lugar a una oleada de historiadores que documentaron los acontecimientos y dejaron diligentes registros de los periodos de tiempo en los que vivieron. Sin embargo, durante el Imperio otomano, los otomanos no dieron tanta importancia a la educación, el conocimiento y la cultura. El periodo mameluco, en particular, produjo un gran número de historiadores importantes, mientras que solo surgió un historiador egipcio significativo durante el reinado de los otomanos.

Egipto había sido cuna de eruditos internacionales y había sido un centro intelectual, pero bajo el Imperio otomano, el país perdió esa influencia y prestigio. La decadencia de la cultura egipcia durante este periodo queda patente en la falta de edificios públicos dignos de mención que construyeron los otomanos. La basílica bizantina se convirtió en un modelo popular para las mezquitas. Y apenas se produjeron avances en la arquitectura egipcia, ya que los arquitectos se encargaron de recrear réplicas o imitar las prácticas constructivas de Constantinopla. Durante el Imperio otomano, Egipto seguía siendo un país principalmente musulmán, pero a los cristianos y a los judíos se les permitía practicar su religión siempre que pagaran tributo a los otomanos. Sin embargo, este trato varió a lo largo de la historia del imperio.

La hambruna de 1784

Durante la mayor parte de su historia, Egipto dependió del Nilo para obtener agua y riego. El Nilo era la fuente de la vida, y sus inundaciones y ciclos de agua regulares fertilizaban el suelo y permitían a los agricultores cosechar una gran cantidad de alimentos. Por desgracia, esta dependencia también significaba que si el Nilo no se inundaba o si se veía afectado por una sequía, todo el país sufría. En 1783, el Nilo no subió como se suponía, lo que significó que muchas granjas no tuvieron suficiente agua para sus campos y cultivos. También faltaron semillas, por lo que los agricultores se retrasaron en su trabajo. Las mismas condiciones persistieron al año siguiente, lo que sumió a Egipto en una grave hambruna. Los expertos estiman que la hambruna hizo que la población de Egipto disminuyera en una sexta parte. Fue la peor catástrofe que afectó a Egipto desde la peste negra de unos siglos antes.

Como la hambruna se produjo mientras el Imperio otomano gobernaba Egipto, se considera una de las formas en que los otomanos fallaron a Egipto, ya que murieron muchos egipcios. Un estudio realizado en los últimos años por Rutgers y financiado por la Fundación Nacional de la Ciencia y la Administración Nacional de la Aeronáutica y del Espacio (NASA) demostró que la erupción de un volcán islandés pudo ser responsable del bajo caudal del Nilo durante 1783. Dado que la economía egipcia dependía en gran medida del Nilo, el cambio en su caudal tuvo consecuencias desastrosas para la economía.

La invasión francesa

En los siglos XVII y XVIII, Francia investigó periódicamente la posibilidad de ocupar Egipto. Sin embargo, cuando Napoleón Bonaparte se embarcó hacia Egipto en 1798, pensaba específicamente en utilizarlo para asestar un golpe a Gran Bretaña. Si lograba su objetivo, podría frenar las rutas comerciales de Gran Bretaña y estar en mejor posición para negociar un tratado de paz con los británicos. Los franceses también estaban estudiando la posibilidad de ayudar a Egipto a recuperar su antiguo esplendor, lo que tendría consecuencias positivas para Francia, ya que se beneficiaría enormemente de la riqueza potencial de Egipto. Cuando las fuerzas de Napoleón partieron hacia Egipto, se les unieron científicos a los que se les encargó la elaboración de un informe sobre el estado y los recursos de Egipto.

El primer desafío al que se enfrentó la flota fue la flota británica del Mediterráneo, comandada por Horatio Nelson. Como Francia y Gran Bretaña estaban en guerra, si la flota francesa era sorprendida, tendría que sobrevivir a una batalla naval, lo que debilitaría sus posibilidades de ocupar Egipto. Napoleón pudo navegar con su flota hasta las costas egipcias sin atraer la atención de la armada británica y desembarcó en la bahía de Abu Qir, el 1 de julio. Al día siguiente, los franceses tomaron Alejandría. Napoleón emitió una proclama en árabe, asegurando a los egipcios que planeaba derrocar a los mamelucos. También prometió que no tenía problemas con el islam ni con los otomanos. Cuando Napoleón se dirigió a sus hombres, les prometió darles tierras en Egipto, pero les advirtió que no debían faltar al respeto a los musulmanes, ya que vivirían entre ellos. Los egipcios se mostraron escépticos ante las promesas de Napoleón, y la invasión francesa pronto se encontraría con serios problemas.

Napoleón en Egipto

En cuanto Napoleón conquistó Alejandría, movilizó su ejército y marchó hacia El Cairo. Sin embargo, los mamelucos no estaban dispuestos a rendirse tan fácilmente, y Murad Bey dirigió un ejército contra Napoleón en Shubra Khit el 13 de julio. Napoleón ganó la batalla, y los ejércitos se volvieron a encontrar en la batalla de las Pirámides el 21 de julio. Los franceses fueron atacados por los mamelucos, que controlaban un ejército de unos seis mil hombres. Napoleón derrotó a los mamelucos y tomó El Cairo el 25 de julio. Murad Bey se vio obligado a huir al Alto Egipto, mientras que Ibrahim Bey se retiró a Siria.

Napoleón en Egipto

Mientras Napoleón experimentaba grandes victorias en tierra, la armada británica estaba cerca de Egipto y llegaría a finales de mes. Napoleón no perdió el tiempo en El Cairo y nombró una serie de consejos para asesorarle mientras tomaba el control del gobierno egipcio. Por primera vez en siglos, Egipto volvió a introducirse en Occidente; había estado bajo la protección de los mamelucos y los otomanos, que se centraban sobre todo en Oriente. Los franceses consiguieron abrir Egipto a Europa. También consiguieron debilitar a la fuerza gobernante mameluca, que nunca volvería a alcanzar su antigua gloria.

Durante la ocupación, los eruditos franceses descubrieron la piedra de Rosetta, que tenía grabados en tres idiomas y ayudó a los eruditos a descifrar los jeroglíficos. Fue un descubrimiento asombroso que constituiría la base de la egiptología y expondría la cultura antigua de Egipto al mundo moderno.

La primera parte de la campaña egipcia de Napoleón fue un éxito, lo que puede haber reforzado la moral francesa. Sin embargo, los franceses y los británicos pronto se enfrentarían en una batalla naval culminante que cambiaría las tornas en contra de Napoleón y le haría regresar a Francia al año siguiente.

La batalla del Nilo

Cuando los británicos descubrieron que Napoleón planeaba ocupar Egipto, enviaron a Horatio Nelson a explorar las operaciones de Napoleón en Tolón. Sin embargo, cuando Nelson llegó, descubrió que el puerto estaba vacío y que Napoleón ya se había marchado. Nelson adivinó correctamente lo que Napoleón quería hacer y se dirigió a Alejandría, que también estaba vacía. La armada británica había llegado demasiado pronto. Nelson navegó hacia Sicilia. Cuando volvió a Egipto en agosto, encontró a la flota francesa en la bahía de Abu Qir. La flota francesa estaba al mando del almirante François-Paul Brueys d'Aigailliers.

Batalla del Nilo
https://commons.wikimedia.org/wiki/File:Loutherbourg_-_battle_of_the_nile.jpg

Nelson aprovechó su oportunidad y ordenó a las fuerzas británicas que atacaran a la flota francesa de inmediato. Durante la noche, Napoleón sufrió una herida en la cabeza y el buque insignia francés, *L'Orient*, fue destruido por los británicos. Brueys estaba a bordo en ese momento y murió junto con la mayoría de los marineros a bordo. La flota francesa quedó casi completamente destruida; solo un puñado de barcos pudo escapar. Fue un golpe devastador para el ejército de Napoleón, y fue el principio del fin de la ocupación francesa.

Pronto se hizo evidente el descontento de los egipcios con el dominio francés, ya que Napoleón tuvo que hacer frente a un levantamiento en El Cairo en octubre de 1798. El sultán otomano, Selim III, declaró la guerra a Francia en septiembre. En agosto de 1799, Napoleón abandonó Egipto y regresó a Francia, dejando a Jean-Baptiste Kléber al mando. Los franceses se verán obligados a rendirse en 1801 cuando las fuerzas británicas desembarquen en Abu Qir. Además, los otomanos avanzaron hacia Egipto desde Siria y el ejército británico-indio desembarcó en la costa del mar Rojo.

Mehmet Alí de Egipto

Una vez que los franceses abandonaron Egipto, los otomanos estaban decididos a recuperar Egipto. Las fuerzas británicas abandonaron Egipto en 1803, pero los otomanos aún tenían que luchar contra las facciones mamelucas restantes que querían reafirmar su poder. Por ello, los otomanos contaron con una fuerza de combate albanesa, que ayudó a los otomanos a recuperar Egipto y a nombrar un virrey que protegiera los intereses otomanos. Sin embargo, los albaneses tenían sus propios planes y se rebelaron contra los otomanos. Su líder se convirtió en el nuevo virrey, pero fue rápidamente asesinado, lo que llevó al nombramiento de su sucesor, Mehmet Alí, que derrocó a los mamelucos y a los otomanos.

Mehmet Alí fue nombrado virrey por el sultán otomano en un esfuerzo por acabar con las revueltas que estallaron en El Cairo en 1805. El nuevo virrey demostró ser un líder militar competente que ganó varias batallas importantes. En 1807, los británicos intentaron ocupar Egipto en un esfuerzo por ganar una posición estratégica sobre el ejército de Napoleón. Sin embargo, Mehmet Alí derrotó su expedición y los británicos se vieron obligados a retirarse. Dado que el Imperio otomano se enfrentaba a graves dificultades, se le permitió separarse del imperio, declararse líder de Egipto y conquistar vastas extensiones de tierras que antes habían sido controladas por los otomanos. Posteriormente, amplió los territorios de Egipto hasta el centro de Arabia y el norte de Sudán, lo que le permitió aprovechar una lucrativa ruta de comercio de esclavos. Por desgracia, el Imperio árabe de Mehmet Alí se desmoronó durante su vida, pero siguió gobernando Egipto.

Como líder de Egipto, modernizó el ejército egipcio, impulsó la economía, fomentó la educación y fundó varias instituciones educativas. Envió a varios egipcios a universidades francesas, lo que separó a Egipto de la cultura otomana. Mehmet Alí también introdujo la vacunación de los niños, los trabajos forzados y las conscripciones militares. Convirtió a Egipto en un estado coercitivo. Los egipcios no estaban contentos bajo el gobierno de Mehmet Alí, y se produjeron varias revueltas de campesinos, que fueron rápidamente sometidas. En 1848, Mehmet Alí se había vuelto senil y su hijo, Ibrahim, tomó el control de Egipto. Ibrahim gobernó durante unos meses antes de su muerte y fue sucedido por su hijo, Abbas I. Mehmet Alí murió en 1849.

Mehmet Alí

El Jedivato de Egipto

Cuando los franceses fueron expulsados de Egipto y Mehmet Alí fundó su dinastía, Egipto se convirtió en el Jedivato de Egipto. Era un estado autónomo al que se le permitía actuar de forma independiente, pero que debía pagar tributo al Imperio otomano. Aunque Mehmet Alí consiguió gobernar Egipto con eficacia durante varias décadas, sus sucesores tuvieron dificultades para hacer lo mismo. En 1863, Ismail subió al trono y estaba decidido a modernizar Egipto. Por desgracia, sus elevados objetivos y su extravagancia provocaron la bancarrota, lo que dio lugar a la injerencia europea en la economía y el desarrollo de Egipto. Ismail consiguió recibir el título de jedive, que esencialmente lo convertía en un soberano independiente del Imperio otomano, pero este privilegio le obligaba a pagar más tributos a los otomanos.

Ismail quedó cada vez más bajo control europeo y, durante algunos años, Egipto fue gobernado conjuntamente por franceses y británicos. En 1879, Ismail fue obligado a abandonar su cargo y su hijo, Tewfik, fue proclamado jedive. Sin embargo, unos años más tarde, un oficial llamado Ahmed Orabi se enteró del descontento entre el ejército y las clases bajas. Rápidamente creó una revuelta contra los europeos y los turcos. El gobierno fue incapaz de detener a Orabi, y rápidamente ascendió dentro del gobierno y se convirtió en miembro del gabinete. Esto no fue suficiente para él, y pronto estallaron revueltas generalizadas.

En 1882, británicos y franceses llevaron sus flotas a Alejandría para reprimir la grave rebelión y proteger los intereses europeos, pero los franceses se retiraron. Los británicos se quedaron, reprimiendo la revuelta e instalando sus tropas en Egipto. Debía ser una medida temporal, pero los británicos permanecerían en Egipto hasta 1956. Orabi fue derrotado y obligado a exiliarse, y se permitió al jedive volver a gobernar. Al principio, el gobierno británico no estableció un control político formal en Egipto porque sabía que causaría problemas con los otomanos y otras naciones europeas. Sin embargo, los británicos afirmaban proteger sus intereses en Egipto, lo que requería su presencia militar en el país.

Aunque los británicos nunca establecieron su presencia política formal en Egipto, seguían teniendo un poder significativo en el país. Por ejemplo, cuando Tewfik y su gobierno sometieron a juicio a

Orabi y sus conspiradores, los rebeldes fueron condenados a muerte en un principio. Sin embargo, los británicos intervinieron y conmutaron las sentencias de los rebeldes por el exilio. Tewfik formó su propio gabinete, con Riaz Pashá como miembro principal. Sin embargo, tras la injerencia británica, Riaz renunció, y el jedive trabajó con el embajador británico en Estambul para reorganizar el gobierno egipcio. Durante su etapa como jedive, Tewfik opuso poca resistencia a la injerencia británica. Sin embargo, cuando murió, le sucedió su hijo, Abbas II, en 1892. No era tan complaciente como su padre y plantearía serios problemas a los británicos.

Capítulo 8: El Egipto moderno tardío (1890-2013)

Una vez que los británicos ocuparon Egipto, empezaron a interferir en la política egipcia, ya que habían invertido mucho en la economía egipcia y querían asegurarse de que su inversión estuviera protegida. Desgraciadamente, su injerencia a menudo no coincidía con los intereses de Egipto, lo que provocó conflictos y enemistades. Aunque muchos de los sucesores de Mehmet Alí colaboraron con los británicos, esa cooperación terminó bajo el gobierno de Abbas II. Casi tan pronto como los británicos terminaron de tratar con Abbas II, otra amenaza se cernió en el horizonte. Cuando Gran Bretaña declaró la guerra al Imperio otomano durante la Primera Guerra Mundial, Egipto se convirtió en una base de operaciones, y sufriría mucho durante los años de guerra.

Poco después de la Primera Guerra Mundial, Egipto surgió como un reino independiente antes de transformarse en una república. Por fin libre del liderazgo extranjero, el gobierno egipcio pasó por varias transformaciones al surgir nuevos grupos políticos que competían por el dominio. Entre ellos estaban el Wafd y los Hermanos Musulmanes, que tendrían un gran impacto en la política egipcia moderna. En los últimos años, Egipto también ha sufrido acontecimientos agitados que han moldeado su gobierno, su pueblo y su cultura. Puede que este nuevo periodo de la historia egipcia no tenga el prestigio del antiguo Egipto, pero sigue siendo fascinante.

Abbas II

Cuando Abbas II heredó el cargo de jedive de su padre en 1892, había un creciente resentimiento por la influencia británica en Egipto. A diferencia de su padre, Abbas no estaba dispuesto a someterse al dominio británico y casi inmediatamente demostró que no apreciaba la injerencia británica en su gobierno. Esto le valió el apoyo de los nacionalistas egipcios, y Abbas nombró un primer ministro que compartía sus opiniones. Abbas también proporcionó apoyo al *Al-Mu'ayyad*, que era un periódico antibritánico. Tras sus fuertes críticas a los británicos, lord Cromer, cónsul general británico en Egipto, decidió que la influencia del jedive estaba creciendo demasiado.

Sin embargo, en 1906, los nacionalistas egipcios declararon que querían un gobierno constitucional, pero Abbas denegó su petición. Al año siguiente, se creó el Partido Nacional, dirigido por Mustafā Kāmil. Para entonces, lord Cromer había sido sustituido por lord Kitchener como cónsul general, y tomó medidas más serias para frenar la independencia de Abbas. También asestó un golpe al Partido Nacional exiliando o encarcelando a todos sus líderes.

Corte del sah Abbas II
Crédito: Sorosh Tavakoli de Estocolmo, Sverige, CC BY 2.0
https://creativecommons.org/licenses/by/2.0 vía Wikimedia Commons;
https://commons.wikimedia.org/wiki/File:Shah_Abbas_II.jpg

Abbas no estaba dispuesto a rendirse. Esperó su momento. Su oportunidad se presentó cuando estalló la Primera Guerra Mundial, cuando los británicos se preparaban para entrar en la contienda. Abbas instó a sus partidarios, los egipcios y los sudaneses, a luchar contra la ocupación británica. El plan de Abbas era unirse a las Potencias Centrales (la coalición del Imperio alemán, el Imperio otomano y Austria-Hungría, que estaba en guerra con Francia, Gran Bretaña y Rusia). Sin embargo, el llamamiento de Abbas fracasó y fue depuesto en 1914. Fue sustituido por su tío, Hussein Kamel, que se convirtió en el primer sultán del protectorado británico. Abbas II pasó el resto de su vida en el exilio.

Primera Guerra Mundial

En noviembre de 1914, Gran Bretaña declaró la guerra al Imperio otomano. Como el jedive de Egipto era aliado de los otomanos, fue depuesto y se formó un protectorado británico. Aunque Egipto no participó formalmente en la guerra, se convirtió en un campamento base británico, y más de un millón de egipcios fueron reclutados. Según fuentes de la época, los egipcios sufrieron mucho en la guerra porque no se les proporcionaron los suministros adecuados, como tiendas de campaña, alimentos y recursos médicos. Peor aún, el reclutamiento forzoso tuvo graves consecuencias económicas que provocaron una recesión y pobreza en Egipto. Durante la guerra, los soldados fueron tratados peor que los animales, y muchos de ellos murieron por enfermedades extranjeras y heridas.

Los egipcios no estaban acostumbrados a las condiciones de Francia y murieron de cólera o de frío. Cuando los soldados regresaron, fueron recompensados con pocas compensaciones, y los egipcios discapacitados no recibieron apoyo. Además, trajeron consigo enfermedades extranjeras, como el cólera. El sistema médico egipcio no estaba equipado para la avalancha de víctimas.

Debido a su posición estratégica, Gran Bretaña estacionó tropas en Egipto e hizo varias fortificaciones en las ciudades egipcias, como un cañón gigante en Alejandría. Los residentes se vieron obligados a permanecer en casa durante ciertas horas debido a las incursiones. Los edificios públicos se convirtieron en hospitales, mientras que las tropas británicas, indias y australianas fueron enviadas a Egipto durante sus descansos. Para apoyar los esfuerzos de guerra, los egipcios se vieron obligados a pagar tributos a los británicos, lo que aumentó la presión financiera de Egipto. Si los egipcios no pagaban los tributos, se les aplicaba la ley marcial. Los británicos también acabaron con el dominio otomano en Egipto, y cuando el Imperio otomano cayó, sus tierras se dividieron entre Gran Bretaña y Francia.

Mientras el mundo entero se veía afectado por la Primera Guerra Mundial, Gran Bretaña se aprovechó de Egipto obligando a sus ciudadanos a alistarse en el ejército y utilizando sus recursos en beneficio propio. Todo esto condujo a una revolución generalizada en Egipto en 1919 y a la eventual independencia del país.

El Wafd

A medida que avanzaba la Primera Guerra Mundial, los egipcios estaban cada vez más descontentos con el dominio británico. Tan pronto como terminó la guerra, Egipto intentó reclamar la independencia total de Gran Bretaña. Durante esta época, una delegación de egipcios notables creó el Partido Wafd, que era un partido político liberal nacionalista. El Partido Wafd estaba dirigido por Saad Zaghloul, que era un líder inmensamente popular y carismático. Durante los siguientes años, el Wafd estaría íntimamente involucrado en la política egipcia, pero no se le permitió convertirse en un partido formal hasta 1924.

Foto del Partido Wafd
https://commons.wikimedia.org/wiki/File:Blue_Shirts_(Wafd_party).jpg

El partido estaba estrictamente organizado según una jerarquía, con el consejo ejecutivo en la cima. También tenían organizadores que trabajaban en las ciudades y pueblos para crear apoyo a su causa. El Wafd estaba formado principalmente por egipcios urbanos que pertenecían a las clases alta y media, pero rápidamente se hicieron querer por la mayoría de los egipcios que anhelaban liberarse de los británicos. Aunque Saad Zaghloul era el presidente del partido, también había varias mujeres destacadas entre sus filas. La esposa de Zaghloul, Safiya, se convirtió en una voz importante en la lucha por los derechos de la mujer, junto con Huda Sha'arawi. Desgraciadamente, el Wafd se enfrentó a serios desafíos por parte de los británicos y la monarquía egipcia, que intentaron socavar la influencia del Wafd.

Saad Zaghloul

Saad Zaghloul nació en una familia de campesinos del delta del río Nilo. Su familia ganó suficiente dinero para enviarlo a la Universidad de Al-Azhar en El Cairo, y más tarde asistió a la Facultad de Derecho de Egipto. Más tarde se casó con Safiya, la hija del primer ministro egipcio, Mustafa Pasha Fahmi. Safiya, al igual que su marido, participó activamente en la política y se convirtió en una influyente revolucionaria y feminista. En 1906, Zaghloul pasó a dirigir el Ministerio de Educación. En esta época, el nacionalismo egipcio estaba en auge y Zaghloul ayudó a crear Hizb al-Umma, el Partido del Pueblo.

Saad Zaghloul
https://commons.wikimedia.org/wiki/File:ModernEgypt,_Saad_Zaghloul,_BAP_14781.jpg

Durante el tiempo que Zaghloul estuvo en el gobierno, trabajó con los ocupantes británicos, lo que no le hizo ganar ningún favor con los nacionalistas. Sin embargo, en 1913, fue elegido para la Asamblea Legislativa, con lo que comenzó a criticar al gobierno y la participación británica. Cuando Egipto se convirtió en un protectorado británico, los egipcios sufrieron debido al reclutamiento, la ley marcial y la inflación. Estaba claro que los británicos planeaban convertir Egipto en una colonia, y los egipcios estaban furiosos. Durante la Primera Guerra Mundial, Zaghloul se dedicó a formar varios grupos de activistas en todo el país.

El 13 de noviembre de 1918, Zaghloul dirigió al Wafd para convocar al alto comisionado británico (el representante británico en Egipto), sir Reginald Wingate. Declararon su intención de liderar a los egipcios y exigieron que el protectorado fuera sustituido por un tratado de alianza. El Wafd quería negociar este tratado directamente con el gobierno británico, pero sus peticiones fueron denegadas. Esto provocó revueltas generalizadas en Egipto, conocidas como la Revolución de 1919. En 1919, los líderes del Wafd fueron arrestados y exiliados, lo que enfureció aún más a la población egipcia.

Wingate fue sustituido inmediatamente por el general Edmund Allenby, que liberó a los líderes del Wafd. Zaghloul representó entonces a Egipto en la Conferencia de Paz de París y, aunque sus intentos no tuvieron éxito, se convirtió en un héroe nacional. Durante los años siguientes, Zaghloul se hizo cada vez más popular. Los británicos permitieron una nueva constitución en 1923 (Egipto pudo convertirse en una monarquía constitucional), y en 1924, el Wafd ganó las elecciones generales, convirtiendo a Zaghloul en el nuevo primer ministro de Egipto. Zaghloul era inmensamente popular, pero esta popularidad se debía solo en parte a su carisma. Su origen humilde le hizo ganarse el cariño de la población egipcia y se convirtió en el catalizador de un movimiento que le sobreviviría.

El reino egipcio

Tras la Revolución de 1919, Gran Bretaña se dio cuenta de que su protectorado estaba fracasando y que era necesario tomar nuevas medidas. En 1922 se negoció la Declaración Unilateral de Independencia de Egipto y se estableció el Reino de Egipto. Sin embargo, esta independencia fue solo nominal, ya que se permitió a los británicos tener cierta participación en la política egipcia, y las tropas británicas permanecieron en Egipto. El reino fue dirigido por el rey Fuad I y más tarde por su hijo, Faruq I.

Durante los últimos años de Zaghloul, este aceptó formar un gobierno de coalición con lord Lloyd, el alto comisionado británico. Cuando Zaghloul murió en 1927, Mustafā al-Nahhās se convirtió en el presidente del Wafd. En 1936, firmó el tratado anglo-egipcio, que permitía a los británicos mantener sus tropas a lo largo del canal de Suez. El tratado también permitía a los británicos mantener el control de Sudán. Como el fascismo radical estaba en auge en la década de 1930, el Wafd creó los Camisas Azules, un grupo juvenil militante.

Los efectos de la Segunda Guerra Mundial

Egipto se vio obligado a apoyar a Gran Bretaña durante la Segunda Guerra Mundial, pero pocos egipcios esperaban que Gran Bretaña ganara. Durante la guerra, Italia se alineó con la Alemania nazi y declaró la guerra a Gran Bretaña y Francia en junio de 1940. Egipto se mantuvo neutral, pero debido al tratado anglo-egipcio de 1936, los británicos podían ocupar el canal de Suez si se veía amenazado. No pasó mucho tiempo antes de que Italia comenzara a lanzar incursiones sobre Egipto desde la colonia italiana de Libia. Los italianos intentaron llegar al canal de Suez, pero fueron detenidos por los británicos antes de que pudieran alcanzar su objetivo.

En 1942, Alemania estuvo a punto de invadir Egipto, lo que hizo que Gran Bretaña interfiriera en el gobierno egipcio. En el Incidente del 4 de febrero, el rey Faruq se vio obligado a nombrar a al-Nahhās primer ministro. Aunque esto pudo parecer una victoria para el Wafd, ya que habían conseguido ganar las elecciones en marzo de 1942, quedó claro que el Wafd ya no era el campeón del nacionalismo egipcio desde que Nahhās cooperó con los británicos.

La Segunda Guerra Mundial desestabilizó completamente a Egipto. A medida que el Wafd declinaba, otros partidos políticos luchaban por el dominio y pedían una revisión del tratado de 1936. Los egipcios querían que los británicos retiraran sus tropas del canal de Suez y pusieran fin al control británico de Sudán. Los extremistas ganaron popularidad, y grupos como los Hermanos

Musulmanes cometieron actividades violentas y apoyaron los disturbios. Todo ello condujo a una revolución que comenzó en 1952. La revolución, liderada por Gamal Abdel Nasser, incluyó un golpe militar que puso fin repentinamente a la monarquía constitucional de Egipto. La revolución condujo a una época de profundos cambios políticos y sociales en Egipto. El 18 de junio de 1953, Egipto se convirtió en una república, con Mohamed Naguib como primer presidente.

Los Hermanos Musulmanes

Los Hermanos Musulmanes son el grupo político islámico más antiguo de Egipto, y no se les permite actuar como partido político en algunos países. El grupo fue fundado en 1928 en Egipto por Hassan al-Banna. El grupo se creó porque su fundador soñaba con formar un sistema de gobierno islámico que se basara firmemente en las leyes y los principios islámicos. Hassan al-Banna pensó que podría alcanzar este sueño ofreciendo diversos servicios sociales al pueblo. Con el tiempo, los Hermanos Musulmanes se propusieron reformar todos los gobiernos existentes en el mundo árabe.

Durante su historia, la Hermandad Musulmana ha sido acusada de cometer actos de violencia y terrorismo. Al principio, la Hermandad Musulmana se centró en predicar el islam, crear hospitales, impulsar la economía y enseñar a los analfabetos. Dado que se fundó durante una época en la que había un malestar generalizado debido a la ocupación británica, era solo cuestión de tiempo para que la Hermandad Musulmana entrara en la arena política.

La Hermandad Musulmana cooperó con los Oficiales Libres (que era un grupo de oficiales nacionalistas revolucionarios de las Fuerzas Armadas egipcias) al principio, pero cuando hubo diferencias de opiniones entre los grupos, dejaron de trabajar juntos. En la década de 1950, hubo un intento de asesinato contra Gamal Abdel Nasser. Esto llevó al encarcelamiento de Sayyid Qutb, que era un miembro destacado de los Hermanos Musulmanes. Mientras estaba en prisión, defendió las ventajas de una lucha armada contra el régimen egipcio. Finalmente, fue ejecutado, pero sus escritos siguieron siendo utilizados por los grupos islamistas para defender la lucha armada. Los Hermanos Musulmanes aceptaron abandonar la violencia en la década de 1970 y, en 1995, adoptaron la democracia. Con el tiempo, los Hermanos Musulmanes se extendieron a otros países árabes e influyeron en varios grupos islámicos.

El régimen de Nasser

Gamal Abdel Nasser nació en 1918 y participó en protestas antibritánicas durante su juventud. Tras estudiar derecho durante unos meses, ingresó en la Real Academia Militar y se graduó en 1938 como subteniente. Durante la Segunda Guerra Mundial, ayudó a formar una organización secreta llamada Oficiales Libres. En 1952, los Oficiales Libres, dirigidos por Nasser, dieron un golpe de estado que depuso al rey Faruq. Mohamed Naguib se convirtió en el primer ministro egipcio en 1953, pero Nasser apartó a Naguib del poder en 1954 y se convirtió en el nuevo primer ministro.

Nasser demostró ser un líder popular y eficaz. En 1956, su nueva constitución y presidencia fueron confirmadas por los votantes egipcios. Nasser hizo entonces un acuerdo de armas con la URSS, lo que provocó que los británicos se negaran a pagar el proyecto de la Alta Presa de Nasser que se construiría a través del Nilo en Asuán, Egipto.

En respuesta, Nasser nacionalizó el canal de Suez, que era técnicamente propiedad de Francia e Inglaterra. En octubre de 1956, Israel, Francia y Gran Bretaña atacaron Egipto. Las fuerzas extranjeras lograron ocupar el canal de Suez, pero fueron presionadas a retirarse por las Naciones Unidas y los soviéticos. En 1957, el canal de Suez estaba completamente bajo control egipcio. En 1970, se completó la Alta Presa de Asuán, que supuso un gran impulso para la economía egipcia. Nasser era muy respetado en todo el mundo, y su política independiente lo convirtió en un líder muy querido entre los egipcios. Dos meses después de la finalización de la Gran Presa de Asuán, Nasser murió de un ataque al corazón y fue sucedido por Anwar el-Sadat. El régimen de Nasser puso fin a 2.300 años de dominio extranjero e introdujo una nueva era en la historia de Egipto.

Anwar Sadat

Anwar el-Sadat nació en 1918 y se graduó en la Academia Militar de El Cairo en 1938. Durante la Segunda Guerra Mundial fue detenido por los británicos por conspirar para derrocarlos. Consiguió escapar en 1950 y se unió a los Oficiales Libres, ayudando a Nasser a derrocar la monarquía. Durante el régimen de Nasser, Sadat ocupó varios cargos en el gobierno hasta llegar a ser el vicepresidente de Nasser. A la muerte de Nasser, se convirtió en presidente de Egipto en septiembre de 1970.

Anwar Sadat
Aboadel2020, CC BY-SA 4.0 https://creativecommons.org/licenses/by-sa/4.0 vía
Wikimedia Commons; https://commons.wikimedia.org/wiki/File:Anwar_Sadat.jpg

Aunque al principio Sadat mantuvo algunas de las políticas de Nasser, pronto empezó a desmarcarse del legado de este. Instituyó un programa de reformas económicas que incluía la atracción de inversiones extranjeras. Sus esfuerzos no tuvieron mucho éxito; condujeron a la inflación, la distribución desigual de la riqueza y los disturbios por alimentos en 1977. Es famoso por haber puesto fin a la asociación de Egipto con los soviéticos. En 1973, entró en la guerra árabe-israelí y recuperó algunos territorios en Israel. Sin embargo, Sadat pronto empezó a trabajar por la paz en Oriente Medio y realizó una histórica visita a Israel. Sadat también comenzó a negociar la paz con el primer ministro de Israel, Menájem Beguín, lo que dio lugar a los acuerdos de Camp David, un tratado de paz preliminar entre los dos países. Esta acción también les valió a Sadat y a Beguín el Premio Nobel de la Paz en 1978. En 1979, Sadat consiguió un tratado de paz entre Israel y Egipto.

Desgraciadamente, no todo el mundo apoyó el tratado de paz, lo que provocó la oposición dentro del gobierno de Sadat. La economía también empeoró, lo que provocó el descontento de la población. En septiembre de 1981, Sadat contraatacó encarcelando a 1.500 de sus oponentes de todos los ámbitos. Al mes siguiente, fue asesinado por la Yihad Islámica Egipcia, un grupo islamista militante. A Sadat le sucedió Hosni Mubarak en 1981, que sería presidente durante tres décadas.

La crisis egipcia

El 25 de enero de 2011, los jóvenes egipcios se sintieron obligados a protestar contra el régimen de Hosni Mubarak en El Cairo. Las multitudes se reunieron en la plaza Tahrir para protestar por el aumento de la pobreza y el desempleo. Las protestas duraron dieciocho días y rápidamente se convirtieron en una revolución. Egipto cayó en la violencia, la represión y el déficit político. El objetivo de las protestas era derrocar a Hosni Mubarak. Aunque Mubarak fue destituido durante la revolución, las cosas empeoraron rápidamente cuando los partidos políticos lucharon contra los Hermanos Musulmanes por el dominio. Cientos de manifestantes fueron asesinados durante la revolución, lo que no hizo sino aumentar la frustración y el malestar.

En junio de 2012, Mohamed Morsi ganó las elecciones democráticas de Egipto y se convirtió en primer ministro. Sin embargo, los disturbios en Egipto estaban lejos de terminar. La presidencia de Morsi estuvo marcada por problemas diplomáticos, económicos y de seguridad, así como por la escasez de energía. En 2013, Abdel Fattah al-Sisi encabezó un golpe de Estado que derrocó a Morsi, permitiéndole convertirse en presidente de Egipto.

TERCERA PARTE:
La sociedad egipcia a través de los tiempos

Capítulo 9: La sociedad y su estructura

Egipto sufrió muchos cambios durante su larga historia. La región pasó de ser tribus dispersas y separadas a un imperio altamente organizado con un intrincado sistema religioso. Durante el antiguo Egipto, la sociedad tenía una estructura piramidal, con el faraón y los dioses en la cima y los esclavos formando la amplia base de la sociedad egipcia. Cuando los egipcios quedaron bajo dominio extranjero, se vieron sometidos a las tradiciones, culturas y estructuras sociales de otros países. Con la difusión del cristianismo, la sociedad egipcia sufrió más cambios, ya que las clases sacerdotales paganas fueron sustituidas por monjes.

Aunque los cristianos coptos ortodoxos permanecieron en Egipto, la gran mayoría de la población acabó adoptando el islam, lo que cambió de nuevo la estructura social tradicional. Con el paso de los años, la sociedad egipcia se adaptó y formó una identidad propia que se diferenciaba de la de otros reinos islámicos, especialmente cuando los mamelucos tomaron el poder. Estos cambios afectaron a todo, desde las leyes hasta la vestimenta.

La sociedad del antiguo Egipto

El valor más importante de la antigua sociedad egipcia era ma'at, que significaba armonía y equilibrio. Si no se preservaba el ma'at, se creía que la sociedad se hundiría en el caos. Una forma de preservar el ma'at era mantener el equilibrio social, por lo que los periodos intermedios se consideraban periodos de anarquía y caos. El orden social se rompió durante los distintos periodos intermedios de Egipto, lo que hizo que los estudiosos e historiadores describieran estas épocas como tiempos oscuros. La jerarquía social del antiguo Egipto tenía forma de pirámide con el rey en la cima. Debajo del rey se situaban su visir y sus cortesanos, seguidos de los escribas y los sacerdotes. A continuación estaban los nomarcas (o gobernadores regionales). Después de los nomarcas venían los generales, luego los artistas y los supervisores de las obras. En la parte inferior estaban los campesinos y los esclavos.

Pirámide de la sociedad egipcia

En el antiguo Egipto, los dioses reinaban de forma suprema, y el pueblo creía que los dioses los habían creado y colocado en un hogar perfecto. Creían que los dioses designaban a un gobernante cuya principal responsabilidad era representar la voluntad de los dioses ante el pueblo y preservar el importantísimo ma'at. Si el faraón era capaz de cumplir con sus obligaciones, entonces todo funcionaría como debía. Dado que el orden social estaba tan íntimamente ligado a la religión, la movilidad social no era una opción. La gente no podía ascender fácilmente de rango o cambiar de clase, ya que esto alteraría el orden natural de las cosas.

Como el faraón tenía tantas obligaciones, se creó el cargo de visir para ayudarle. El visir se encargaba de muchas de las tareas prácticas de la administración, como la delegación de funciones, la supervisión de los gobernadores y los militares, la recaudación de impuestos y el control de los proyectos de construcción del gobernante. Los campesinos constituían la gran mayoría de la población, aunque la clase esclava era parte integrante de la sociedad egipcia. Los esclavos solían ser delincuentes, personas que no podían pagar sus deudas o prisioneros de guerra.

Legislación del antiguo Egipto

La tradición era extremadamente importante en la cultura egipcia, y los antiguos egipcios promovían la estricta obediencia al orden natural de las cosas, incluyendo el sistema legal. Los egipcios habían desarrollado su propio sistema legal ya en el periodo predinástico, que se extendió aproximadamente desde el 6000 al 3150 a. C. A medida que Egipto se desarrollaba, también lo hacían sus leyes. Una vez más, la ma'at entraba en juego, ya que la mayor parte del sistema legal egipcio giraba en torno a la preservación de la ma'at. Los egipcios creían que la gente necesitaba ayuda para mantenerse en el camino marcado por los dioses. Si alguien desobedecía esas leyes, era castigado severamente, ya que todo el mundo entendía que respetar las leyes era lo mejor para todos. Por desgracia, esto significaba que los egipcios solían creer que la gente era culpable a menos que se pudiera demostrar lo contrario. Si una persona era acusada de cometer un delito, probablemente sería castigada, aunque había casos aislados de indulgencia.

Aunque no se han encontrado códigos legales oficiales en Egipto, está claro que los egipcios seguían un sistema legal porque ya existían precedentes legales en la época de la Dinastía Temprana (3150-2613 a. C.). Parece que las leyes eran aplicadas por agentes de policía encargados de mantener la paz. Si se atrapaba a un delincuente, este se enfrentaba al sistema judicial. Los antiguos egipcios creían que sus leyes eran transmitidas por los dioses en el momento de la creación, lo que convertía al rey en el jefe del sistema judicial. El visir solía tener voz y voto en los asuntos judiciales, pero podía ser desautorizado por el rey. Los visires solían nombrar a los magistrados y se les podía obligar a intervenir en los tribunales locales, pero estos casos eran poco frecuentes. Los nomarcas también se encargaban de garantizar que se impartiera justicia en sus distritos. Hay indicios de que los sacerdotes actuaban como jueces en ciertos casos, ya que el pueblo creía que podía consultar con los dioses para recibir un juicio certero.

El adulterio era una ofensa grave, y tanto los maridos como las esposas podían llevar a sus cónyuges a los tribunales si se descubrían sus infidelidades. Las familias eran extremadamente importantes para mantener el ma'at y el equilibrio social. Una mujer culpable de infidelidad podía divorciarse, sufrir la amputación de la nariz o morir quemada. Mientras que un hombre podía recibir hasta mil golpes, no se enfrentaba a la pena de muerte. El sistema judicial se basaba en gran medida en los testimonios de los testigos, por lo que los falsos testigos recibían penas increíblemente duras. Sin embargo, en la mayoría de los casos, la desgracia pública era una perspectiva lo suficientemente terrible como para que la mayoría de la gente tendiera a obedecer las leyes. Los antiguos egipcios dependían en gran medida de sus comunidades, por lo que la humillación pública o el ostracismo habrían sido un destino terrible para cualquier familia.

La vida cotidiana en el Antiguo Egipto

Todo el mundo tenía su lugar designado en el antiguo Egipto, y la gente estaba generalmente orgullosa de su trabajo. Creían que cumplían su papel dentro del orden natural y que contribuían a mantener intacto el equilibrio de las cosas. Se cree que los antiguos artesanos y obreros ofrecían su tiempo y sus habilidades a un proyecto de construcción del rey. Durante años se creyó que las pirámides se habían completado con mano de obra esclava, y aunque ciertamente los esclavos ayudaron a construir los monumentos, los proyectos públicos del rey eran una fuente de orgullo nacional, que atraía a los hombres libres a ofrecer también sus servicios.

La familia constituía la base de la sociedad egipcia, y se hacían ofrendas a los difuntos en las tumbas. Si una familia no tenía tiempo para presentar las ofrendas por sí misma, podía contratar a sacerdotes para que las hicieran en su nombre.

Los antiguos egipcios eran extremadamente limpios y se tomaban el tiempo necesario para arreglarse. Los campesinos tejían la linaza para obtener un lino fino. Los campesinos y los trabajadores llevaban prendas largas atadas con una faja a la cintura, así como faldas cortas. Los hombres ricos llevaban camisas hasta la rodilla y faldas con joyas, además de maquillaje. Muchos egipcios iban descalzos, pero muchos también llevaban sandalias de papiro. Las mujeres de la clase trabajadora llevaban vestidos largos y envolventes, mientras que las mujeres ricas podían llevar elaborados adornos con sus vestidos. Las joyas solían consistir en cuentas, brazaletes, pulseras, collares y pendientes.

La vida cotidiana en el Egipto ptolemaico

Cuando los ptolomeos gobernaban Egipto, el país ya había recibido la influencia de la cultura y la religión helenísticas. La estructura piramidal de la sociedad se había disuelto, y la mayoría de los cargos importantes del gobierno estaban en manos de griegos o descendientes de griegos. Los ptolomeos mantuvieron la religión egipcia, pero el país era cada vez más diverso. Los egipcios podían seguir sus propias tradiciones y leyes, pero los griegos se regían según las leyes griegas, lo que significaba que la vida en Egipto difería según el linaje de cada persona.

Cuando Alejandro Magno conquistó Egipto, lo convirtió en parte de su imperio de diversidad étnica. Esto significó que Egipto se abrió a diferentes culturas, con muchas personas que se trasladaron a Egipto y trajeron sus culturas con ellos. Ciudades como Alejandría se convirtieron en crisoles cosmopolitas de culturas, religiones y teorías intelectuales. Aunque se permitió que la religión egipcia continuara, los griegos trajeron nuevas prácticas de culto y pronto se mezclaron las religiones egipcia y griega.

Los ptolomeos poseían la mayor parte de las tierras de Egipto, y los agricultores estaban sometidos al control del gobierno, lo que permitió a los ptolomeos enriquecerse. Aunque los impuestos aumentaron y la vigilancia se incrementó, el gobierno patrocinó proyectos de riego que ayudaron a impulsar la economía. Egipto participó en el comercio con muchos países extranjeros, y las ciudades portuarias tuvieron acceso a exóticos productos de lujo. Dado que los griegos valoraban la educación, las mujeres ricas fueron educadas y se les permitió participar en ciertos ritos religiosos. Por desgracia, la fertilidad y la producción de grano de Egipto lo convirtieron en un premio irresistible para el Imperio romano, y pronto la sociedad egipcia volvió a cambiar.

Influencias romanas en la sociedad egipcia

Aunque los ptolomeos se mantuvieron al margen de los egipcios, estos permanecieron en Egipto durante su gobierno. Sin embargo, cuando Egipto se convirtió en un estado romano, el emperador romano se alió con los faraones, pero gobernó desde Roma. El primer emperador romano, Augusto, nombró a un gobernador que controlaba la región y rendía cuentas al emperador. Egipto se convirtió en el hogar de las legiones romanas hasta que Augusto estuvo seguro de que los egipcios no se rebelarían. Los romanos cambiaron las leyes en Egipto para que se ajustaran a las leyes romanas, y los negocios se llevaban a cabo según los procedimientos romanos. La administración local también cambió al sistema romano y dictó que los terratenientes eran responsables de llevar a cabo los servicios públicos y debían cuidar sus tierras.

Una vez más, se reservaron privilegios especiales para los ciudadanos griegos y romanos. Como granero de Roma, Egipto tenía que abastecerla de grano y sus recursos naturales se utilizaban para el bien del Imperio romano. Sin embargo, parece que los egipcios también influyeron en los romanos, ya que la arquitectura romana presentaba similitudes con los estilos egipcios. Los egipcios también estuvieron expuestos a nuevas ideas, ya que Alejandría atrajo a muchos eruditos notables. Mientras tanto, la vida cotidiana en las zonas rurales seguía siendo la misma, aunque se esperaba que los ricos contribuyeran a la sociedad, y todo el mundo se regía según las leyes romanas.

Estructura social bizantina

Cuando el Imperio romano se dividió en dos secciones distintas, Egipto cayó bajo el Imperio bizantino, que pronto desarrolló una identidad propia que lo distinguía del Imperio romano de Occidente. La sociedad bizantina estaba controlada por la familia real y la élite rica. Sin embargo, a diferencia del antiguo Egipto, la movilidad social era mucho más frecuente, ya que la gente podía ascender gracias a las guerras, el favor imperial, la propiedad de tierras o los matrimonios mixtos. La gente común probablemente adoptaba la profesión de sus padres, pero los individuos ambiciosos podían esperar de forma realista avanzar en su posición social.

El Imperio bizantino también era asombrosamente diverso, y sus ciudades se volvieron increíblemente cosmopolitas. Alejandría pudo volver a ganar influencia y fue la puerta de entrada de comerciantes, refugiados, mercenarios, peregrinos y viajeros. La sociedad bizantina seguía estando algo estratificada y constaba de dos clases principales: los privilegiados (*honestiores*) y los humildes (*humiliores*), que básicamente significaban los ricos y todos los demás. Los esclavos tenían su propia clase social, pero esta era inferior a todas las demás. Esta división social significaba que había una clara diferencia en el nivel de vida. Los ricos tenían más que suficiente para sobrevivir y seguir viviendo lujosamente, mientras que los pobres luchaban por ganarse la vida. Sin embargo, la clase acomodada ya no dependía de la sangre o la descendencia, ya que las dinastías cambiaban rápidamente. Una familia podía caer en desgracia con la misma rapidez con la que había ascendido.

La sociedad cristiana

Durante la época bizantina, el cristianismo fue ampliamente aceptado y la mayoría de la población se convirtió a él. El clero formaba su propia clase y desempeñaba un papel muy importante en la sociedad. La Iglesia de Oriente estaba dirigida por el patriarca de Constantinopla. Sin embargo, los emperadores bizantinos también tenían cierto control sobre la iglesia. El emperador podía nombrar o destituir a los patriarcas según su criterio. Por debajo del patriarca había obispos locales, que se encargaban de las regiones más pequeñas y rendían cuentas a Constantinopla.

Vitral en una iglesia copta de Egipto

A los sacerdotes se les permitía casarse, pero una vez que se convertían en obispo, debían separarse de sus esposas para concentrarse en su nombramiento. La esposa debía entonces retirarse a un monasterio. A las mujeres se les permitía hacerse monjas y dedicar su vida a Cristo. Las monjas debían cuidar de los pobres y los enfermos. Los monasterios eran edificios comunales que solían atender las necesidades de la comunidad.

Sociedad islámica

A medida que Egipto se convertía en una sociedad cada vez más islámica, las normas y costumbres del país volvieron a cambiar. Durante los califatos árabes, las regiones debían rendir cuentas a la capital del imperio, y los árabes gozaban de una posición privilegiada en la jerarquía social. Sin embargo, con el tiempo, el poder de los califatos disminuyó y las regiones más pequeñas se separaron bajo califatos opuestos. En Egipto, el estatus de una persona dependía de su clase social, género, estatus legal, religión y etnia. Aunque se permitía la coexistencia de otras religiones entre los musulmanes, al menos en su mayor parte, el trato a los no musulmanes variaba enormemente. Los no musulmanes debían someterse a la ley islámica y pagar un impuesto especial llamado yizia, que les permitía formar parte de una clase protegida llamada dhimmi. Por desgracia, los dhimmi no gozaban de los mismos privilegios sociales y legales que los musulmanes.

Durante el califato omeya, los no árabes eran conocidos como mawali y no gozaban de los mismos privilegios que los árabes. Con el tiempo, los persas y otros no árabes se incorporaron al estado abasí, lo que permitió a los mawali avanzar socialmente. La sociedad islámica estaba dominada por las leyes y tradiciones islámicas, pero esto también dependía de si una persona formaba parte de la rama suní o chií del islam. Por lo general, se permitía a las mujeres participar en la agricultura y desarrollar habilidades artesanales, pero se las relegaba más a menudo a funciones relacionadas con las tareas domésticas, la preparación de alimentos, la partería y la medicina. Sin embargo, había diferentes reglas que las mujeres debían cumplir según su religión o su estatus socioeconómico. A las mujeres se les permitía conservar la independencia financiera y legal, algo inusual en otras sociedades medievales. También se permitía a las mujeres invertir dinero, administrar su patrimonio, comerciar, divorciarse o ser incluidas en la herencia (aunque a menudo heredaban menos que sus parientes masculinos).

La mayoría de las culturas dictaban que la familia estaba dirigida por un patriarca. Sin embargo, algunas sociedades, como la mameluca, permitían más libertad a la gente y las mujeres tenían más independencia. Durante esta época, la sociedad egipcia se dividía en la élite urbana, los comerciantes, los terratenientes, el pueblo llano (incluidos agricultores y artesanos) y los esclavos. Cuando los mamelucos tomaron el poder, se convirtieron en la clase social dominante.

Estructura social otomana

El Imperio otomano era increíblemente grande y estaba compuesto por diferentes culturas, lo que significa que su estructura social tenía que ser compleja para dar cabida a la diversidad. Los otomanos musulmanes tenían generalmente más influencia que los cristianos y los judíos. Los otomanos también utilizaban el sistema de millet, que significaba que las personas de cada fe eran juzgadas según sus leyes. Esto significaba que había leyes diferentes para judíos, cristianos y musulmanes. Los no musulmanes estaban obligados a pagar impuestos más altos, y los cristianos pagaban un impuesto de sangre (se les quitaba a sus hijos primogénitos, que se convertían al islam, y se los obligaba a servir en el ejército otomano).

Los puestos sociales más altos los ocupaban personas del gobierno del sultán, que incluían la casa del sultán, el ejército, los burócratas, los escribas, los jueces, los abogados y los maestros. Los turcos constituían la mayor parte de esta clase y podían ascender dentro del gobierno con más facilidad que otros. Mientras tanto, la gran mayoría de la población eran trabajadores, entre los que se encontraban agricultores y artesanos. La conversión no se promovió de forma generalizada; los musulmanes pagaban menos impuestos, y esto habría provocado un desastre para el Imperio otomano si todo el mundo se hubiera hecho musulmán.

En Egipto, El Cairo se convirtió en una ciudad provincial más, lo que le quitó la influencia que los mamelucos le habían prodigado durante su reinado. Sin embargo, los mamelucos siguieron siendo una clase social poderosa. Por desgracia para Egipto, los otomanos obligaron a los europeos a cambiar sus rutas comerciales, lo que supuso que Egipto quedara aislado del resto del mundo. Su cultura y sociedad permanecieron prácticamente inalteradas durante décadas.

La vida durante la ocupación británica

Cuando los franceses invadieron Egipto, interrumpieron un periodo de prolongado estancamiento de la cultura egipcia. Volvieron a abrir Egipto al resto del mundo, pero eso no siempre ayudó a los egipcios. Se vieron obligados a vivir varias guerras violentas, así como la injerencia británica en su política. Los soldados británicos y franceses fueron destinados a Egipto, mientras que los diplomáticos y funcionarios europeos se trasladaron a Egipto, donde recibieron un trato especial.

Como resultado de la injerencia europea, el gobierno y la economía egipcios se desestabilizaron, lo que tuvo consecuencias desastrosas para los egipcios de a pie. Mientras los extranjeros gozaban de privilegios especiales, los egipcios recibían ayuda y apoyo de los países europeos, como Gran Bretaña y Francia, lo que permitía a los europeos inmiscuirse en los asuntos egipcios con el pretexto de proteger sus intereses financieros. Durante el siglo XX, Egipto se cansó de la injerencia europea y un feroz nacionalismo invadió la nación. Esto condujo a disturbios, levantamientos y revoluciones, que desestabilizaron aún más el país y la sociedad. Durante la ocupación británica, los egipcios tuvieron que enfrentarse a la ley marcial, al aumento de los impuestos, a la inflación y al reclutamiento militar forzoso. Con el tiempo, Egipto consiguió su independencia y la sociedad egipcia pudo desarrollarse de forma natural.

Capítulo 10: El Nilo y su papel clave

El Nilo es el río más largo de África y fluye a través de varios países directamente hacia el mar Mediterráneo. Es la principal fuente de agua para Egipto, Sudán y Sudán del Sur, lo que lo convierte en un río de vital importancia que también sostiene las economías de esos países.

Históricamente, se creía que el río Nilo era el más largo del mundo, pero los investigadores descubrieron que el río Amazonas es ligeramente más largo. El Nilo se compone de dos grandes afluentes: el Nilo Blanco y el Nilo Azul. El Nilo Blanco fluye desde el lago Victoria en Uganda, mientras que el Nilo Azul nace en Etiopía. La parte norte del río fluye a través del río Sudán directamente hacia Egipto, donde forma un gran delta, donde se construyó El Cairo. Desde allí, desemboca en el mar Mediterráneo, donde se construyó Alejandría.

Gracias a sus inundaciones anuales, las llanuras que rodean al Nilo son increíblemente fértiles, lo que permitió a varias civilizaciones establecer sus hogares en sus orillas. El río era de vital importancia para los antiguos egipcios, y esa importancia se refleja en su religión. Durante miles de años, el Nilo desempeñó un papel fundamental en la economía y la vida cotidiana de Egipto. Más tarde, la búsqueda de la fuente del Nilo sería un misterio perdurable que atormentó a científicos y exploradores. Debido a su impacto en su entorno, el Nilo tiene una historia fascinante que contar.

Fundación de la civilización egipcia

Hace miles de años, el norte de África tenía un clima muy diferente. La región solía experimentar muchas más precipitaciones. Sin embargo, con el tiempo, los exuberantes humedales se secaron y se convirtieron en desiertos, lo que obligó a las antiguas civilizaciones a trasladarse a zonas más húmedas. Por suerte, muchas de ellas no tuvieron que desplazarse demasiado, ya que el Nilo fluía directamente a través del desierto y creaba fértiles llanuras perfectas para la agricultura. Cuando los primeros habitantes llegaron a las orillas del Nilo, descubrieron que había mucha comida. También se dieron cuenta de que había un periodo de seis meses en el que el río subía y luego retrocedía, dejando una capa de limo. Este limo era perfecto para la agricultura, y pronto, varias culturas vivieron en las orillas del Nilo y cultivaron.

Una vez que esas primeras culturas descubrieron el riego, la agricultura se convirtió en una práctica habitual y en la base de muchas culturas. El Nilo proporcionaba una fuente regular de alimentos, y la gente cultivaba cosechas como el trigo, el algodón y las judías. Como la gente ya no tenía que desplazarse para encontrar comida, pudo establecer asentamientos permanentes que acabaron convirtiéndose en ciudades, lo que dio lugar a los reinos egipcios. Sin embargo, el Nilo no siempre fue regular, lo que llevó a la gente a creer que los dioses tenían algo que ver con las inundaciones anuales. Los antiguos egipcios creían que el Nilo era un regalo de los dioses, y gran parte de su cultura estaba estructurada en torno al Nilo. Por ejemplo, su calendario se centraba en el Nilo, ya que su año comenzaba con el primer mes de inundación. Para complacer a los dioses y garantizar la regularidad de las inundaciones, los egipcios desarrollaron una intrincada estructura religiosa que incluía ofrendas y festivales.

Además de la agricultura, el Nilo también permitió a los egipcios desarrollar habilidades como la fabricación de barcos, lo que posteriormente los llevó a utilizar el Nilo como fuente de transporte y comercio.

Geografía

El Nilo tiene una longitud de unos 6.700 kilómetros y fluye hacia el norte desde el centro-este de África hasta el Mediterráneo. Está compuesto por afluentes que se alimentan de ríos más pequeños, y su caudal depende de la llegada de la estación de las lluvias. El Nilo Azul, uno de los afluentes más importantes, nace en el lago Tana, en Etiopía, donde recorre unas 870 millas (unos 1.400 kilómetros) hasta confluir con el Nilo Blanco en Jartum (Sudán). La temporada de lluvias en Etiopía suele tener lugar en verano, lo que hace que las aguas fluyan con fuerza y provoquen la erosión y arrastren limos muy fértiles. Sin embargo, durante la estación seca, el caudal es extremadamente lento y, en algunos lugares, el río se seca por completo.

Hay partes de la cuenca del Nilo en varios países africanos, como Tanzania, Ruanda, Burundi, la República Democrática del Congo, Uganda, Kenia, Sudán del Sur, Etiopía, Sudán y Egipto. Los antiguos egipcios utilizaron el Nilo para dar sentido al mundo que los rodeaba y dividieron su región en dos zonas importantes. La primera era Kemet, la tierra fértil del valle del Nilo y los oasis circundantes. La segunda parte era el Deshret, que eran tierras desérticas que no contaban con suficientes recursos para mantener a la gente y, por lo tanto, se relacionaba con la muerte y el desorden.

Flora y fauna

Dado que el Nilo atraviesa una extensión de tierra tan larga, hay diferentes regiones, y cada una tiene un entorno único. Las tierras que rodean el Nilo en Egipto fueron cuidadosamente cultivadas durante miles de años y proporcionaron cosechas regulares de trigo, lino, algodón, papiro y cebada. Estos cultivos básicos proporcionaban suficiente grano para alimentar a los egipcios y permitirles comerciar con otros países. Los egipcios también podían cultivar lentejas, guisantes, sandías, puerros y especias, como el comino y el cilantro.

El Nilo albergaba muchas especies diferentes de animales. Si los egipcios no querían ser agricultores, podían confiar en que el Nilo les proporcionara suficiente pescado para ganarse la vida. Los pescadores podían capturar la perca del Nilo, el bolti, el siluro, el pez tigre o el pez hocico de elefante. El cocodrilo del Nilo, la tortuga de caparazón blando y el hipopótamo también eran avistamientos habituales para los antiguos egipcios. El Nilo alberga lagartos monitores y una treintena de especies de serpientes, entre ellas el infame áspid que puede haber participado en el suicidio de Cleopatra. En las zonas menos regadas, la flora y la fauna son más escasas, y las zonas desérticas alrededor del Nilo tienen menos formas de vida. En algunas zonas hay árboles de escaso follaje, con algo de hierba y pasto.

Riego y agricultura

Todos los años, las lluvias permitían que el agua del Nilo surgiera hacia Egipto. Al fluir, transportaba tierra rica y nutritiva desde el Cuerno de África, que era tan oscura que a menudo parecía negra. Una vez que el agua llegaba, los agricultores egipcios podían comenzar su temporada de cultivo. Los historiadores creen que los egipcios fueron de los primeros agricultores que aprendieron a regar sus tierras, aunque lo hicieron mediante un proceso de ensayo y error. Cuando el Nilo se desbordaba, cubría la tierra con agua, lo que destruía las casas y los campos. Aunque la crecida aportaba nutrientes que daban vida, los egipcios pronto se dieron cuenta de que debían encontrar una forma de controlarla. Esto llevó a los antiguos egipcios a cavar canales y cuencas, lo que habría sido un proceso largo.

Cuando los antiguos egipcios desarrollaron el riego, formaron un sistema llamado riego por cuencas. Los agricultores cavaban redes de tierra para crear cuencas. A partir de ahí, construían canales que canalizaban las aguas del Nilo hacia las cuencas, donde el agua se alojaba y se filtraba en el suelo. Una vez que el agua se evaporaba, la tierra estaba lista para ser plantada.

Para controlar el nivel del agua del Nilo, los antiguos egipcios utilizaban nilómetros, que eran columnas básicas con marcas. Los nilómetros podían ayudar a los egipcios a determinar si se enfrentaban a una inundación inusual. Tanto el exceso como la falta de agua serían desastrosos. En la década de 1950, Gamal Abdel Nasser inició el proyecto de construcción de la gran Presa de Asuán, que se completó en la década de 1970. La presa de Asuán aumentó la cantidad de energía hidroeléctrica que se podía generar a partir del Nilo y reguló las crecidas del mismo. Esto permitió mejorar las prácticas agrícolas que beneficiaron a los agricultores y a la economía de Egipto.

Transporte y comercio

Además de desarrollar la agricultura y el riego, los antiguos egipcios también descubrieron que podían utilizar el Nilo para el transporte. Con el tiempo, los egipcios fueron capaces de crear barcos de madera con velas y remos que podían recorrer grandes distancias. Las embarcaciones más pequeñas estaban hechas de cañas de papiro con armazón de madera. Estas embarcaciones más pequeñas servían para viajar o pescar a pequeña escala. Ya en el Reino Antiguo, los egipcios transportaban ganado, pescado, pan, madera y verduras, que llevaban a diferentes partes del reino o a otros reinos para comerciar. Los barcos se convirtieron rápidamente en una parte integral de la cultura egipcia. Los reyes y los funcionarios importantes solían ser enterrados con sus embarcaciones, que estaban perfectamente construidas y podían ser utilizadas en el Nilo.

Antiguo mosaico del Nilo

Como Egipto tenía acceso a ricos recursos agrícolas, los egipcios podían comerciar con sus productos con otros países. Esto no solo hizo que el reino se enriqueciera, sino que también permitió establecer relaciones diplomáticas pacíficas con sus vecinos. Gracias al Nilo, las mercancías podían transportarse rápidamente a través de

Egipto. Este también ocupaba una posición geográfica ventajosa que lo conectaba con las rutas comerciales internacionales. El imperio estaba conectado a las rutas comerciales del Mediterráneo gracias a Alejandría, así como a las rutas comerciales con Oriente debido a su posición en el mar Rojo. El comercio era una parte inestimable de la economía egipcia, y las rutas comerciales de Egipto se desarrollaron rápidamente gracias a las extensas aguas del Nilo.

Economía

La agricultura era una parte importante de la economía egipcia. Debido al clima cálido de Egipto durante todo el año y a las inundaciones regulares del Nilo, los egipcios podían producir a veces hasta tres cosechas en un año. Producían muchos más alimentos de los que necesitaban, mientras que los países vecinos de Oriente Medio se enfrentaban a menudo a sequías y hambrunas, lo que significaba que necesitaban urgentemente el grano y los cultivos que Egipto podía proporcionar. Los antiguos egipcios tenían acceso al lino, el papiro, la piedra y el oro, que podían utilizar para fabricar telas, edificios, joyas y papel. A medida que los artesanos desarrollaban sus oficios, podían crear hermosas obras de arte, como iconos y tallas, que también podían comercializarse por considerables cantidades de dinero. Además de los cultivos, el Nilo proporcionaba suficiente agua y tierras de pastoreo para animales como el ganado vacuno y las ovejas. Los bueyes se utilizaban para arar los campos y permitían a los agricultores obtener rendimientos aún más rápidos. Además del trabajo, los animales también producían carne y leche.

El papiro era otra parte crucial de la economía egipcia. La planta crecía abundantemente en las orillas del Nilo y podía utilizarse para fabricar barcos, cestas y papel. Los egipcios fueron la primera cultura en descubrir cómo fabricar papel, y este se convirtió rápidamente en el principal producto de exportación de Egipto, lo que hizo que los egipcios ocultaran el proceso de fabricación de papel para poder controlar el comercio del mismo. Egipto también producía grandes cantidades de oro, madera, hierro, plata y especias. Esto condujo al desarrollo de armas y trabajos de metal de calidad superior. La realeza egipcia se aseguró de beneficiarse de los impuestos sobre las cosechas y las propiedades. Los impuestos podían pagarse con grano, animales o mano de obra, mientras que los comerciantes debían pagar impuestos adicionales. Esto enriquecía al faraón y al gobierno, permitiéndoles construir edificios públicos y apoyar al país en tiempos de crisis. Los faraones también eran responsables de abrir nuevas vías de comercio, lo que habría impulsado aún más la economía.

Nilus

Los griegos estaban fascinados por Egipto y pensaban que era una tierra misteriosa llena de sabiduría. Con el tiempo, las dos culturas se fusionaron y recibieron una gran influencia mutua cuando Alejandro Magno conquistó Egipto. Los griegos sabían que el Nilo era la fuente de la vida en Egipto y, al igual que los egipcios, atribuían su abundancia a los dioses. Sin embargo, los griegos no compartían las mismas creencias que los egipcios y desarrollaron su propio dios del Nilo, llamado Nilus. De hecho, la palabra moderna «Nilo» procede del griego «Nelios» (otra forma de escribir Nilus), que significa río. Los antiguos egipcios llamaban al Nilo «Ar», que significa negro. Es como si los egipcios dieran al río el nombre de la arena oscura que era responsable de sus nutritivos cultivos.

Nilus era un dios griego menor que no tuvo mucho impacto en la mitología griega. Según los griegos, Nilo era hijo de los titanes Océano y Tetis. Océano era hijo de Gea y Caos, y se casó con su hermana. Juntos, los titanes tuvieron muchos hijos llamados Oceánidos y Potamoi, que eran los dioses y diosas de los mares, ríos y manantiales. Según la mitología griega, los titanes tuvieron tantos hijos que produjeron en exceso y provocaron inundaciones. En respuesta, los titanes se divorciaron para evitar que se inundara toda la Tierra con agua. Nilus tuvo varios hijos propios, como Menfis, Europa y Tebe, entre otros.

Hapi y Jnum

El Nilo estaba estrechamente asociado a la antigua religión egipcia, y la mayoría de los dioses y diosas estaban relacionados con el Nilo de una forma u otra. Sin embargo, según los antiguos egipcios, había dos dioses principales que eran responsables de los dones del Nilo: Hapi y Jnum. Jnum era el dios de la fertilidad, y normalmente estaba relacionado con la procreación y el agua. Se lo representaba como un hombre con cabeza de carnero y a menudo tenía cuernos largos y retorcidos. Los antiguos egipcios creían que Jnum creaba a los humanos a partir del barro. Esta creencia debía ser aceptada por los antiguos egipcios, ya que se podían encontrar grandes cantidades de arcilla a lo largo de las orillas del río. El dios tenía varios cultos, incluido uno en Heruer (el centro principal de su culto). Durante el Reino Nuevo, se lo asociaba con la isla de Elefantina y se lo consideraba el señor de la primera catarata del río Nilo. A menudo se lo asociaba con las diosas Satis y Anuket.

Se creía que Hapi era la personificación de la crecida anual del Nilo. También se lo asociaba con la fertilidad y ejercía una gran influencia en el antiguo Egipto. Hapi era una figura algo andrógina, con un cuerpo grande, un enorme vientre y pechos caídos, lo que representaba la increíble fertilidad del dios. También se representaba al dios con una barba postiza y un taparrabos, que eran las prendas que solían llevar los trabajadores. A veces se representaba a Hapi como un hipopótamo. Aunque Hapi estaba estrechamente asociado con el Nilo, no se lo consideraba el dios del Nilo, sino el dios de las inundaciones del Nilo. Se lo solía representar como un padre bondadoso, y sus sacerdotes llevaban a cabo rituales que debían asegurar el flujo constante del Nilo. Los sacerdotes de Hapi también se encargaban del nilómetro oficial, que controlaban cuidadosamente.

El Nilo y la religión egipcia

Además de Jnum y Hapi, la antigua religión egipcia estaba íntimamente relacionada con el Nilo. De hecho, el principio de ma'at, que regía la religión egipcia y la vida cotidiana, puede haber estado influenciado por el río. El Nilo subía constantemente a mediados de julio y luego bajaba en algún momento de septiembre, lo que puede haber transmitido a los egipcios la importancia de la armonía y el equilibrio. Si el Nilo no subía o bajaba a tiempo, tendría consecuencias desastrosas para los egipcios. Por ello, los egipcios eran muy conscientes de lo que podía ocurrir si las fuerzas del mundo se desequilibraban, y se preocupaban mucho de que el orden de las cosas se mantuviera en equilibrio.

Los egipcios creían que los dioses eran responsables de la subida y bajada del Nilo y que los dioses habían regalado el Nilo a su pueblo. La mayoría de los dioses de la mitología egipcia tenían algo que ver con el Nilo. A veces, los dioses estaban directamente implicados en los procesos del Nilo o eran influenciados por el Nilo de alguna manera. Por ejemplo, en el mito de Seth y Osiris,

Seth se deshizo del cuerpo de su hermano arrojándolo al Nilo. En algunos mitos, Osiris o Isis fueron los responsables de ayudar a los egipcios a descubrir la agricultura y el riego. El Nilo era conocido como el «Padre de la Vida» y era una extensión de Hapi, que era el responsable de dar vida a la tierra. También se lo conocía como la «Madre de todos los hombres», ya que la diosa Ma'at (la manifestación divina de los conceptos de armonía y verdad) estaba estrechamente asociada al Nilo.

La búsqueda de la fuente del Nilo

Cuando los europeos empezaron a explorar África, descubrieron rápidamente la importancia y la magnitud del río Nilo. Esto les dejó con una pregunta candente: ¿cuál era la fuente del Nilo? En 1856, la Royal Geographical Society organizó una expedición. John Hanning Speke y el capitán Richard Burton fueron dos consumados exploradores que se unieron a la búsqueda. En 1858, descubrieron el lago Tanganica, pero Burton se vio obligado a regresar por enfermedad. Speke siguió adelante y descubrió el lago Victoria, del que afirmó correctamente que era la fuente del Nilo. Burton no estaba de acuerdo y pensaba que la fuente del Nilo era el lago Tanganica. Los dos hombres seguirían discutiendo sobre el asunto hasta la muerte de Speke en 1864.

Aunque se considera que el lago Victoria es la fuente del Nilo, se descubrió que el lago se alimenta de varios afluentes, lo que dificultó la localización de la «verdadera» fuente del Nilo. En 2006, unos exploradores afirmaron haber encontrado la parte más remota del Nilo en la selva de Nyungwe, cerca del lago Kivu.

Heródoto, el antiguo historiador griego, escribió una vez que Egipto era el regalo del Nilo. Está claro que si no fuera por el Nilo, los antiguos egipcios no habrían establecido su hogar permanente en el valle del Nilo. La cara de la historia habría sido muy diferente. A medida que los investigadores profundizan en el impacto del río Nilo en la historia de Egipto, queda claro que si no existiera el Nilo, no habría existido Egipto, o al menos no el Egipto que hemos llegado a conocer.

Capítulo 11: El desarrollo de la religión

La religión siempre ha desempeñado un papel importante en la cultura egipcia. Desde su historia más temprana, se desarrolló un intrincado sistema de culto en torno a un panteón de dioses que representaban todo, desde el equilibrio hasta el caos. Los antiguos egipcios utilizaban la religión para relacionarse con el mundo que les rodeaba y atribuían todo a los dioses, tanto lo bueno como lo malo. Creían que si se mantenían en la armonía natural respetando la estricta jerarquía social, contribuyendo a la sociedad y rindiendo un culto aceptable a los dioses, se podían evitar los desastres. Cuando se producía un desastre, los egipcios creían que era porque se había perdido el equilibrio natural.

Cuando Egipto pasó a estar bajo dominio extranjero, sus nuevos líderes trajeron consigo sus religiones. La mayoría de los imperios extranjeros permitieron a los egipcios seguir practicando su religión tradicional y tuvieron poco impacto en el sistema de creencias egipcio. Cuando los griegos se apoderaron de Egipto, trajeron consigo elementos de su propia religión, lo que llevó a la formación de nuevos cultos. Sin embargo, cuando el monoteísmo se extendió por la región, la antigua religión politeísta empezó a perder popularidad. El cristianismo se extendió por la región y los nuevos conversos rechazaron por completo la antigua religión. Durante años, la Iglesia ortodoxa gobernó Egipto, pero acabó cediendo a la expansión del islam, que sigue siendo la religión nacional de Egipto en la actualidad.

La religión del antiguo Egipto

Los antiguos egipcios creían que toda la vida era sagrada y que la naturaleza estaba controlada por las deidades. Su panteón incluía dioses mayores y menores, así como algunos humanos que habían sido deificados antes o después de su muerte. Para evitar el desastre, los egipcios creían que eran responsables de enfadar o apaciguar a los dioses, lo que significaba que la religión estaba implicada en todos los aspectos de la vida, especialmente en el gobierno. El faraón era el jefe de la religión y el puente entre los humanos y los dioses. Por ello, los antiguos egipcios gastaban enormes cantidades de dinero en rituales, templos y ofrendas. Mientras estaba vivo, el faraón era visto como el hijo de Ra, una representación del dios Horus. Una vez muerto, el faraón era deificado y se asociaba con Ra y Osiris.

Los antiguos egipcios también creían en la *heka* (magia), que podía influir en sus vidas o hacer que ocurrieran cosas. El ma'at también era una parte vital de la religión, y la gente creía que el ma'at podía renovarse. Se creía que la crecida anual del Nilo renovaba el ma'at en el universo, ya que se hacía eco de la creación del universo. Los rituales y las ceremonias sagradas eran una parte importante de la vida egipcia, e incluso había ceremonias relacionadas con los nombres y los nacimientos. Los dioses podían subir y bajar con el tiempo, ya que sus cultos podían ganar o perder popularidad. En algunos casos, los dioses más antiguos eran sustituidos por otros nuevos, que adquirían los poderes o el significado del antiguo dios al que habían reemplazado.

Panteón egipcio

La religión desempeñaba un papel tan importante en la antigua cultura egipcia que los egipcios adoraban a más de dos mil dioses y diosas. Sin embargo, solo unos pocos de esos dioses desempeñaban papeles importantes en la vida cotidiana y en la mitología egipcia. Algunos dioses llegaron a ser extremadamente importantes y se convirtieron en deidades estatales, mientras que otros se limitaban a representar ciertas regiones o a desempeñar un papel específico en la mitología. Por ejemplo, Seshat era la diosa de las medidas específicas y de las palabras escritas. Cada dios tenía su propio nombre y una personalidad específica. Eran muy individualistas y se representaban con diferentes ropas, objetos o animales. Algunos dioses cambiaron con el tiempo para adoptar nuevas personalidades o adoptaron un significado diferente. Por ejemplo, la diosa Neit era una diosa de la guerra que con el tiempo se convirtió en una diosa madre protectora que resolvía las disputas de los dioses.

Estatua de Horus, Isis y Osiris
Museo Metropolitano de Arte, CC0, vía Wikimedia Commons;
https://commons.wikimedia.org/wiki/File:Isis,_Osiris_and_Horus_triad_MET_23.6.11_001.jpg

Algunos de los dioses más importantes eran Isis, Osiris, Horus, Amón, Ra, Hathor, Neit, Sejmet, Bastet, Thot, Anubis, Seth y Ptah. Isis, Osiris y Horus eran representados con frecuencia en tallas, y su mito dictaba la base de la autoridad faraónica y de la vida posterior egipcia. Hathor era una diosa fuertemente asociada al entretenimiento; era la diosa de la danza, la embriaguez y la música. También era el reflejo del río Nilo y originalmente era conocida como Sejmet, una diosa destructiva que también estaba asociada a Bastet.

Amón o Amón-Ra era otro fascinante dios egipcio. Al principio era un dios menor, pero en el Reino Nuevo era adorado casi exclusivamente en todo Egipto y llegó a ser conocido como el más poderoso de los dioses. Su sacerdocio era extremadamente influyente. Algunas mujeres de la realeza eran designadas como «Esposa del dios Amón», lo cual era una posición tan poderosa que la hacía casi tan poderosa como el faraón. A veces, los egipcios adoptaban otros dioses, como Anat, la diosa de la fertilidad, la sexualidad y la guerra. Anat fue adorada originalmente en Siria y Canaán, pero finalmente fue adorada en Egipto y se convirtió en la consorte de Seth.

La vida después de la muerte

La muerte era una parte importante de la vida egipcia, ya que los egipcios creían que sus almas vivían después de la muerte. Esta creencia hacía que los egipcios construyeran elaboradas tumbas, elaboraran objetos funerarios (que se llevaban con el difunto a la otra vida) y ofrecieran ofrendas a los muertos. Según la mitología egipcia, todos los seres humanos poseían ka, o esencia vital, que abandonaba el cuerpo tras la muerte. Para sobrevivir en la otra vida, el ka tenía que consumir la esencia vital de las ofrendas de comida que dejaban los familiares. Los ritos funerarios se llevaban a cabo para liberar la personalidad de una persona y que esta pudiera reunirse con su ka. La momificación era también una parte importante de la religión, ya que se creía que el cuerpo de una persona debía mantenerse intacto para poder ser transportado al más allá.

Juicio de los muertos ante Osiris
https://commons.wikimedia.org/wiki/File:The_judgement_of_the_dead_in_the_presence_of_Osiris.jpg

Una vez que el corazón de una persona era pesado en la balanza frente a Osiris, se le permitía pasar a la otra vida o ser devorado por el devorador de almas, Ammit. Si una persona pasaba a la otra vida, era recibida por un barquero divino que la llevaba a través del «lago de los Lirios» al «campo de Juncos». El campo de Juncos era el paraíso egipcio, donde todo era como en la Tierra, excepto la enfermedad, la muerte y la decepción. Sin embargo, una persona tenía que pasar el juicio de Osiris viviendo una buena vida para poder entrar en el campo de Juncos. Una diosa menor conocida como Amentit recibía a las almas muertas cuando llegaban al más allá y les proporcionaba comida y bebida. Hathor también desempeñaba un papel en el más allá, ya que guiaba a los muertos al paraíso.

Los cultos de Alejandro y Serapis

Cuando Ptolomeo I comenzó a gobernar Egipto, se dio cuenta de que una forma de unir a griegos y egipcios era a través de la religión. Como resultado, creó los cultos de Alejandro y Serapis. El culto a Alejandro rendía culto al recientemente fallecido Alejandro Magno, al que se consideraba un poderoso conquistador y héroe. Los egipcios sentían un inmenso cariño por Alejandro, lo que facilitó que su culto ganara popularidad. Ptolomeo I construyó una magnífica tumba para Alejandro Magno y nombró a un sacerdote para que realizara los ritos religiosos en la tumba. Este sacerdote se convirtió en el más importante de Egipto, y la tumba de Alejandro se convirtió en un influyente lugar de peregrinación. Con el tiempo, los ptolomeos se asociaron al culto, y los ptolomeos fallecidos se convirtieron también en dioses. Esto aumentó su prestigio y estableció firmemente su posición sobre los egipcios.

Por su parte, Serapis era una mezcla de dioses egipcios y griegos, concretamente Osiris, Apis y Zeus. Esta selección pretendía representar a la diversa población de Egipto. Serapis tenía poderes similares a los de Osiris y Apis, lo que le otorgaba ciertas habilidades de transformación, y tenía la misma autoridad que Zeus, que era visto como el rey de los dioses griegos. El culto a Serapis no era muy popular en Egipto, pero pronto se extendió a Roma y Grecia.

El judaísmo en Egipto

Algunos de los primeros indicios del judaísmo en Egipto se remontan al año 650 a. C. Alrededor del año 597 a. C., un gran número de judíos se refugió en Egipto cuando su gobernador fue asesinado. Durante la época ptolemaica, un gran número de judíos emigró a Egipto y se estableció en Alejandría. En el siglo III, los judíos vivían en varias ciudades y aldeas egipcias, permitiéndoles existir pacíficamente en Egipto mientras abrían negocios y participaban en el comercio. Los ptolomeos asignaron a los judíos una sección de la ciudad, ya que acabaron constituyendo un gran número de la población de Alejandría. Esto permitió a los judíos mantener sus prácticas religiosas libres de influencias paganas. En Alejandría, los judíos gozaban de libertad política y convivían con otros grupos religiosos.

En la Alejandría helenística, la comunidad judía pudo traducir el Antiguo Testamento al griego, lo que llegó a conocerse como la Septuaginta. Sin embargo, cuando el cristianismo ganó popularidad en Alejandría durante la época bizantina, los judíos fueron expulsados de la ciudad hacia el año 415 de la era cristiana por San Cirilo. Según los historiadores contemporáneos, los judíos se vieron obligados a abandonar la ciudad tras una serie de controversias y una supuesta masacre dirigida por judíos. Durante la época medieval, los judíos podían convivir con los cristianos y los musulmanes, aunque hubo varios periodos de persecución.

La difusión del cristianismo

El cristianismo comenzó a extenderse en Egipto en el siglo I de nuestra era y se convirtió rápidamente en una religión popular, ya que atraía a personas de todas las clases sociales. Provocó el rápido declive de la religión pagana tradicional, que había existido durante unos tres mil años. En el siglo IV, el cristianismo era la religión más importante de Egipto y, en el siglo V, se había establecido la Iglesia copta. Tradicionalmente, la difusión del cristianismo en Egipto se atribuye a San Marcos, pero es posible que le ayudara el misionero Apolos. La Iglesia copta tuvo un impacto definitivo en la cultura y el arte egipcios. Aunque Egipto había sido conquistado por otras potencias extranjeras, esos imperios no tuvieron mucho impacto en la cultura egipcia, pero el cristianismo fue abrazado por los egipcios, cambiando muchos aspectos de la vida egipcia.

Egipto también desempeñó un papel importante en la difusión mundial del cristianismo. Egipto tenía una población diversa y recibía visitantes de todo el mundo gracias a su comunidad intelectual. Los obispos de Egipto desempeñaron un papel destacado en el desarrollo de la doctrina cristiana, y pronto, la religión se vio influenciada por las creencias y prácticas egipcias. Los monasterios sustituyeron a los templos y a los sacerdotes como punto central de la vida cotidiana egipcia. Sin embargo, los cristianos no siempre fueron dejados en paz. Los romanos permitían que las tierras conquistadas mantuvieran sus religiones siempre y cuando reconocieran al emperador romano como uno de sus dioses, cosa que los cristianos se negaban a hacer. Esto a menudo los ponía en conflicto con el Imperio romano, ya que su negativa a adorar al emperador romano era vista como un acto de desafío. Durante los primeros años del cristianismo, la mayor parte del mundo conocido estaba más familiarizado con el politeísmo, lo que dificultaba la comprensión del concepto de devoción exclusiva a un gobernante supremo.

La persecución de los cristianos por parte de Diocleciano

Diocleciano fue el emperador romano que gobernó del 286 al 305 de la era cristiana. Esperaba llegar a un acuerdo con los cristianos y declaró que era hijo de Júpiter (el rey de los dioses romanos) y que era el apóstol de Júpiter en la Tierra. Esta historia fue probablemente inventada en un esfuerzo por alinearse con las creencias cristianas, especialmente con respecto a la importancia del hijo de Dios, Jesucristo. Sin embargo, los cristianos se negaron a aceptar el nuevo estatus de Diocleciano y rechazaron su compromiso. Aunque Diocleciano era un gobernante hábil, era egoísta y se tomó esta negativa como un insulto. Como resultado, Diocleciano comenzó a perseguir a los cristianos en todo el Imperio romano.

La Iglesia egipcia llamó a esta época de persecución la Era de los Mártires debido al número de cristianos que fueron brutalmente martirizados y asesinados. Miles fueron torturados por las legiones romanas antes de ser asesinados, y las iglesias fueron destruidas, saqueadas y quemadas hasta los cimientos. Diocleciano esperaba que estos nuevos actos forzaran la extinción del cristianismo. En cambio, la persecución no hizo más que reforzar el celo de los cristianos, y un mayor número de ellos comenzó a convertirse a la religión. Los primeros cristianos fueron obligados a entrar en los templos romanos, donde debían adorar las estatuas de los dioses romanos.

A pesar de la amenaza de graves castigos, los cristianos se aferraron a sus creencias. Al principio, esto sorprendió a Diocleciano, pero finalmente, su desafío lo enfureció, lo que llevó a más atrocidades. Fue una época sangrienta y violenta para los romanos, pero finalmente, el apoyo a la persecución disminuyó. Cuando Diocleciano se retiró en el 305 d. C., su persecución también terminó. A los cristianos se les permitió adorar en paz, ya que Diocleciano fue el último emperador romano que persiguió severamente a los cristianos. En el año 306, Constantino se convirtió en emperador del Imperio bizantino y se convirtió al cristianismo. Con el tiempo, el cristianismo se convirtió en la religión nacional bizantina.

La propagación del islam

Tras la muerte del profeta Mahoma, se crearon los califatos. Rápidamente empezaron a conquistar territorios y llevaron el mensaje de su religión con ellos, lo que hizo que el islam se extendiera a los territorios recién adquiridos. Tan pronto como las zonas se convertían, al ejército se unían nuevos reclutas que apoyaban con celo la causa. El islam pudo extenderse rápidamente porque su ejército no dejaba de crecer y, finalmente, el imperio islámico llegó a tener una cantidad significativa de territorio. La época de mayor expansión tuvo lugar durante el califato Rashidun, alrededor del año 632 de la era cristiana. Durante el califato

Rashidun, Egipto fue conquistado y puesto bajo la autoridad del califato, que gobernó sobre Egipto durante cientos de años.

El califato Rashidun basó su gobierno en los principios islámicos y trajo consigo la economía y el comercio musulmán. Fueron los responsables de iniciar la Edad de Oro islámica y de introducir una nueva era de guerra con pólvora. En el siglo VII, muchos egipcios se habían convertido al islam, sustituyendo al cristianismo como religión estatal. El mundo islámico era diverso y dio lugar a la creación de centros de cultura y ciencia. El comercio también se disparó, ya que el mundo musulmán comerciaba con recursos y desarrollaba relaciones diplomáticas basadas en su religión. Varias dinastías se alzaron con el dominio, pero el enorme califato gobernante pronto fue sustituido por califatos regionales más pequeños, como el califato fatimí de Egipto. Este cambio tuvo enormes consecuencias para Egipto, ya que los antiguos califas gobernantes pertenecían a la rama suní del islam, mientras que los fatimíes pertenecían a la rama chií del islam.

El islam durante el califato fatimí

Las ramas chií y suní del islam comparten muchas similitudes; por ejemplo, todas aceptan la importancia del Corán, ambas se basan en los hadices y aceptan los cinco pilares del islam. Sin embargo, sus principales diferencias se centran en la cuestión de la autoridad religiosa, y su división se produjo poco después de la muerte del profeta Mahoma. Cuando el profeta murió, hubo serias dudas sobre quién sería su sucesor. Algunos preferían a su primo, Alí, y posteriormente formaron la rama chií del islam. Mientras tanto, los suníes siguieron al amigo más cercano del profeta, Abu Bakr. Los suníes basan su culto en el ejemplo del profeta Mahoma, mientras que los chiíes se centran en los sucesores de Mahoma en forma de imanes (instructores religiosos), que se consideran designados por la divinidad.

Los fatimíes eran firmemente musulmanes chiíes y estaban decididos a acabar con el califato abasí, ya que esperaban convertirse en los gobernantes del mundo musulmán. Esto les permitiría imponer su sistema de creencias a los demás musulmanes y resolver finalmente la cuestión de la sucesión del profeta Mahoma. A pesar de este objetivo, los fatimíes son conocidos por ser notablemente tolerantes con todas las religiones.

Permitieron que los cristianos, los judíos y los musulmanes suníes avanzaran dentro del gobierno y valoraron ciertos derechos de las mujeres. Los fatimíes utilizaron Egipto como base y promovieron la erudición religiosa y la economía egipcia. Su gobierno fue una época de iluminación y progreso cultural en Egipto. Sin embargo, muchas de sus políticas fueron revertidas por Saladino cuando conquistó la región.

La religión egipcia moderna

La religión del estado egipcio sigue siendo el islam, y el país sigue firmemente arraigado en el mundo musulmán. La población está formada principalmente por musulmanes suníes que siguen la escuela de pensamiento malikí. Sin embargo, el Estado también cuenta con musulmanes chiíes, cristianos y judíos, que en conjunto representan alrededor del 10% de la población. Egipto sigue siendo un país diverso con una amplia gama de opiniones islámicas. Hay informes esporádicos de intolerancia religiosa, pero esto es así en la mayoría de los países.

Capítulo 12: Lengua, arte y arquitectura

En cuanto la civilización egipcia se desarrolló, su cultura creció junto con su población. Los habitantes encontraron formas de dar sentido al mundo que les rodeaba, lo que influyó en todo, desde sus creencias hasta su arquitectura. La cultura del antiguo Egipto era tan fuerte que todavía vemos ecos de ella miles de años después. Si observamos el fascinante arte, la arquitectura y la literatura que dejaron los antiguos egipcios, podemos obtener una perspectiva única de sus vidas. Miles de artefactos fueron dejados en tumbas selladas, lo que proporciona a los investigadores una amplia evidencia de cómo era la cultura egipcia antes de que fuera influenciada por los conquistadores extranjeros.

Cuando poderosos imperios invadieron y se apoderaron de Egipto, dejaron su huella en la cultura egipcia. Mientras que algunos gobernantes extranjeros permitieron que la cultura egipcia se estancase, otros se interesaron por la tierra de los faraones e hicieron valiosas contribuciones a la lengua y el arte de Egipto.

Jeroglíficos

Los primeros indicios de escritura jeroglífica se remontan al año 3100 a. C., justo cuando Egipto desarrolló su singular estructura social piramidal. Aunque la escritura utiliza imágenes, estas no siempre significan lo que representan. Los jeroglíficos representan ciertos sonidos de la antigua lengua egipcia, al igual que los caracteres de los alfabetos modernos. Los jeroglíficos se utilizaron por primera vez en las tumbas reales para dejar constancia de la vida y los actos del rey. Con el tiempo, otros egipcios empezaron a utilizarlos, pero los jeroglíficos siguieron siendo la escritura principal de las tumbas y monumentos reales. Aunque los jeroglíficos están íntimamente asociados a la cultura egipcia, la mayoría de los egipcios no los utilizaban ni entendían su significado. Como los jeroglíficos eran difíciles de crear, los egipcios desarrollaron la escritura hierática, que era un tipo de escritura cursiva. Más tarde, se desarrolló la escritura demótica para los documentos ordinarios.

Jeroglíficos egipcios

Hosni bin Park, CC BY-SA 4.0 https://creativecommons.org/licenses/by-sa/4.0 vía Wikimedia Commons; https://commons.wikimedia.org/wiki/File:Egyptian_hieroglyphics.jpg

En el antiguo Egipto, los jeroglíficos no eran comunes entre las clases bajas, por lo que solo los sacerdotes podían leerlos. En su lugar, se enseñaba a la gente común el demótico. Con el tiempo, los jeroglíficos desaparecieron cuando los faraones fueron sustituidos por gobernantes extranjeros. Los ptolomeos hicieron del griego la lengua oficial de la corte y, en el año 384 de la era cristiana, el emperador romano prohibió la religión pagana egipcia, lo que provocó la desaparición de los jeroglíficos. La piedra de Rosetta permitió a los historiadores descifrar los jeroglíficos, pero sigue siendo una tarea complicada. El sistema verbal egipcio nunca llegó a escribirse del todo y los jeroglíficos contienen muchas peculiaridades, lo que dificulta su traducción. La traducción de los jeroglíficos también puede ser subjetiva, lo que ha provocado mucha confusión en la comunidad académica.

Tumbas del antiguo Egipto

Los egipcios se preocupaban mucho por preservar sus cuerpos después de la muerte y por asegurarse de que tuvieran una buena transición del mundo de los vivos a la otra vida. Por ello, los primeros reyes de Egipto comenzaron a construir elaboradas tumbas, que estaban llenas de todo lo que consideraban necesario en la otra vida. Las primeras tumbas se llamaban mastabas. Estas tumbas solían tener inscripciones con el nombre del rey. Las mastabas estaban excavadas en afloramientos rocosos y contaban con ladrillos cocidos al sol y tablas de madera. Es posible que cuando un rey moría, se sacrificara a un gran número de sirvientes para que pudieran servir al rey en su vida posterior. Esta práctica queda demostrada por el gran número de tumbas con mujeres y enanos que se han encontrado alrededor de las mastabas. Las tumbas reales también estaban llenas de cerámica, muebles y diversas ofrendas que se enterraban con el rey para que pudiera mantener su lujoso estilo de vida en la otra vida.

Con el tiempo, las tumbas y los monumentos reales se volvieron más elaborados, lo que llevó a la construcción de grandes pirámides. Sin embargo, el saqueo de tumbas se hizo frecuente, lo que suponía una grave preocupación para la familia real. Si sus tumbas eran saqueadas, se quedarían en el más allá sin todas sus riquezas. Por ello, los miembros de la realeza del Reino Nuevo eligieron un nuevo y remoto emplazamiento para sus tumbas, que se conoció como el Valle de los Reyes.

Las pirámides de Guiza

Los gobernantes egipcios tenían buenas razones para preocuparse por su vida después de la muerte. Creían que serían dioses y gobernantes en la próxima vida, lo que significaba que debían preparar sus tumbas con todo lo que necesitarían para ser buenos líderes. Por ello, la construcción de las tumbas reales era un asunto de importancia nacional. El faraón Jufu fue el primer rey que construyó su pirámide en Guiza, iniciando el proyecto hacia el año 2550 a. C. La pirámide es un magnífico edificio formado por unos 2,3 millones de bloques de piedra y se eleva a unos 481 pies (147 metros). La pirámide de Jufu es también la más grande. Jefrén, el sucesor de Jufu, siguió el ejemplo de su padre y construyó también su pirámide en Guiza. Es posible que también fuera el responsable de la Esfinge, que vigila el gran complejo. Finalmente, la última pirámide de Guiza fue construida por Menkaura hacia el año 2490 a. C. Aunque la pirámide de Menkaura no es tan grande como las otras, tiene un intrincado complejo mortuorio.

Las pirámides de Guiza
Walkerssk, CC0, vía Wikimedia Commons;
https://commons.wikimedia.org/wiki/File:Pyramids_in_Giza_-_Egypt.jpg

Las pirámides estaban destinadas a ser algo más que tumbas y se construyeron sobre un enorme complejo que incluía templos y palacios. Como las pirámides eran un asunto de importancia nacional, los egipcios de a pie contribuyeron a los proyectos. Los historiadores han encontrado pruebas de una ciudad temporal que demuestra que los trabajadores de las pirámides estaban generalmente contentos y bien alimentados. También parece que los trabajadores cualificados se ofrecían para formar parte de los proyectos de los faraones.

El templo de Saqqara

El complejo de templos de Saqqara puede ser uno de los yacimientos arqueológicos más famosos e importantes de Egipto. Saqqara está al sur de El Cairo y está marcada por la Pirámide Escalonada, que fue construida por Zoser durante el Reino Antiguo. La Pirámide Escalonada es también el complejo de edificios de piedra más antiguo conocido de la historia. Hay otras pirámides y tumbas importantes en el lugar, que tiene unos ocho kilómetros de longitud. Los historiadores han encontrado miles de artefactos en el yacimiento, que les proporcionan una visión inestimable de la antigua vida egipcia. La necrópolis también ha revelado «mega tumbas», que contenían cientos de ataúdes, momias y gatos momificados. En Saqqara también se han descubierto objetos funerarios, como máscaras de retrato, gemas y obras de arte.

El yacimiento cuenta con un gran número de cavernas subterráneas, que se utilizaban para los enterramientos, pero que han sido saqueadas con el paso del tiempo. Saqqara atrajo por primera vez la atención de los investigadores hacia 1850, cuando fue descubierta por Auguste Mariette, un egiptólogo francés. Según su informe, el yacimiento había sido saqueado, ya que encontró envoltorios de momias tirados en la arena. Fue el primero en señalar la importancia de la calle bordeada de esfinges que conducía al Serapeum, un importante templo de Saqqara. El templo era también el lugar de enterramiento de los toros del culto de Apis, que representaban a los dioses Osiris y Ptah. Durante tres mil años, Saqqara sirvió como lugar de importantes entierros no reales y ceremonias religiosas. Se convirtió en Patrimonio de la Humanidad de la UNESCO en 1979.

La Gran Esfinge en Guiza

La Gran Esfinge es uno de los monumentos más famosos y reconocibles de Egipto. Las esfinges eran criaturas mitológicas con cuerpo de león y cabeza de humano. La Gran Esfinge fue tallada en piedra caliza y tiene una altura de unos 20 metros y una longitud de 73 metros. La cara de la Esfinge parece representar al faraón Jefrén, pero su nariz se rompió en algún momento entre los siglos III y X de nuestra era. A pesar del misterio de lo que ocurrió con su nariz, la Gran Esfinge es conocida como la escultura monumental más antigua de Egipto y es, sin duda, una pieza única de arquitectura que ha perdurado durante miles de años.

La Gran Esfinge

La construcción de la Gran Esfinge ha sido fuente de fascinación y misterio durante cientos de años. Parece ser que la Esfinge se hizo con las mismas piedras que se utilizaron para construir las pirámides y puede proceder de la misma cantera. Algunos historiadores han sugerido que la cabeza se talló primero en una gran roca que ya había sido moldeada por el viento. El cuerpo de la Esfinge se hizo con las mismas piedras que se utilizaron para construir el templo que se encuentra frente a ella. Extrañamente, el templo nunca se completó y no hay pruebas de que haya existido un culto a la esfinge en Egipto. Es posible que Jefrén construyera la Gran Esfinge para proteger el complejo de Saqqara, que era un lugar importante en el antiguo Egipto.

Fortalezas

Egipto era una región extremadamente fértil y rentable, por lo que atrajo la atención de los países vecinos que habrían visto el valor de invadir el país y añadir sus riquezas a su propia nación. Por ello, los faraones de Egipto tenían que estar constantemente en guardia. Para mantener su nación a salvo, los faraones construyeron fortalezas, puestos fronterizos y murallas para proteger las zonas vulnerables a los ataques. La mayoría de los faraones se concentraban en la defensa de los territorios que ya tenían, lo que significa que durante la mayor parte de la historia de Egipto, este no tuvo un ejército permanente. Los antiguos egipcios dedicaron mucho tiempo y esfuerzo a la construcción y el mantenimiento de fortalezas fronterizas que los mantuvieran a salvo de la amenaza de invasión.

Una de las fortalezas más importantes se construyó entre la Segunda y la Primera Catarata del Nilo y se llamaba Buhen. Sirvió como puesto de avanzada egipcio ya en torno al año 2770 a. C. y se convirtió en una importante fortaleza durante el Reino Nuevo. El complejo estaba formado por enormes murallas exteriores, templos interiores y bastiones, características habituales de las antiguas fortalezas egipcias. Buhen estaba hecha de rocas y ladrillos, y se construyó a lo largo del río y de una ladera rocosa. Para evitar que los invasores la escalaran, se talló en la roca un foso empinado. Hatshepsut construyó un templo en la parte sur de Buhen, y los faraones posteriores renovaron el lugar o añadieron sus propios santuarios.

Ramsés II, o Ramsés el Grande, también era conocido por construir extensamente, y construyó varias fortalezas a lo largo de la costa noroeste de Egipto.

Templos y tumbas del Reino Nuevo

El Reino Nuevo fue conocido como la edad de oro de Egipto. A medida que Egipto ganaba más influencia y riqueza gracias a sus conquistas extranjeras, los faraones pudieron construir a una escala mucho mayor y más grande que antes. Hatshepsut, en particular, era conocida por construir estructuras increíbles que no se parecían a nada que se hubiera construido antes en Egipto. El Templo de Hatshepsut era el templo mortuorio de la reina y presenta una impresionante estructura con columnas que es anterior al Partenón. Se construyó en la pared de un acantilado y alberga una serie de terrazas que en su día estuvieron llenas de jardines cultivados.

Ramsés II fue otro gran constructor. Construyó la tumba de Nefertari en el Valle de los Reyes, así como el Ramesseum. La tumba de Nefertari cuenta con impresionantes pinturas murales, y el Ramesseum presenta enormes tallas que representan lo más destacado del reinado del rey.

Templo de Lúxor

Entre los templos importantes del Nuevo Reino se encuentra el de Lúxor. Este complejo se construyó cerca de la antigua ciudad de Tebas y contaba con seis enormes templos. Los templos contienen muchos ejemplos de ilusionismo y simbolismo, que eran frecuentes en la arquitectura del antiguo Egipto. Por ejemplo, se construyeron dos obeliscos para enfatizar un camino y dar la ilusión de que son de la misma altura, aunque no lo sean. Los templos de Karnak son otro importante lugar de la antigüedad. En ellos se rendía culto al dios Amón, cuyo sacerdocio ejercía una increíble influencia en Egipto. El complejo es ahora el mayor emplazamiento religioso antiguo del mundo y un popular museo.

Coptos

Los coptos son la mayor comunidad cristiana autóctona de Egipto y han existido en el país desde la expansión original del cristianismo. La Iglesia ortodoxa copta sigue siendo la mayor iglesia cristiana de Egipto. Antes de la expansión del islam, los egipcios hablaban una forma de lengua llamada copto. Sin embargo, los egipcios musulmanes dejaron de utilizar el copto, que pasó a identificar a la minoría cristiana. La familia de dialectos coptos desciende de la antigua lengua egipcia y surgió alrededor del siglo III de nuestra era. Rápidamente se convirtió en la lengua más popular de Egipto, ya que se extendió por todo el país junto con el cristianismo. La lengua tenía muchas influencias griegas y se escribía con el alfabeto copto, que era una mezcla de las escrituras griega y demótica.

Algunas de las escrituras coptas más antiguas son anteriores a la era cristiana y están escritas en copto antiguo. Sin embargo, la mayor parte de la literatura copta presenta textos escritos por miembros de la Iglesia copta, que posteriormente se convirtieron en santos. Shenoute fue un santo conocido por popularizar y mejorar el copto a través de sus homilías, sermones y tratados, que constituyen una gran parte de la literatura copta primitiva. Durante varios siglos, el cristianismo fue la principal religión de Egipto, y ejerció una enorme influencia en el arte egipcio, lo que dio lugar a edificios y obras de arte distintos.

Arte y arquitectura coptos

Cuando el emperador romano Teodosio prohibió las religiones paganas, el cristianismo se convirtió en la religión nacional egipcia. Egipto cambió para siempre. Los cristianos coptos transformaron a menudo los antiguos templos, tumbas y santuarios existentes en monasterios, iglesias y santuarios de mártires. Los cristianos de todo el Imperio bizantino visitaban los lugares sagrados más importantes asociados a los santos, y la Biblia se tradujo al copto, lo que dio lugar al desarrollo de la literatura cristiana egipcia original. Las iglesias coptas estaban profusamente decoradas con coloridos murales, motivos naturales e inscripciones de extractos bíblicos, salmos y relatos monásticos. Las lápidas se decoraban a menudo con cruces, palomas y motivos de follaje.

Catedral copta ortodoxa de San Marcos, Egipto

Los motivos florales y faunísticos se convirtieron en temas populares en la arquitectura copta, ya que a menudo representaban el paraíso. La cerámica también llevaba marcas similares y presentaba inscripciones de la Biblia. Los coptos construyeron grandes catedrales, como la catedral copta ortodoxa de San Marcos. Los monasterios también se hicieron populares, y en Egipto todavía existen muchos monasterios antiguos, como el de San Antonio. Algunas catedrales coptas compartían planos y elementos arquitectónicos similares con templos anteriores. Por ejemplo, algunas iglesias tenían un santuario interior oculto, que era una característica común en los templos egipcios. Sin embargo, las iglesias coptas acabaron recibiendo la influencia de la arquitectura bizantina. Con el paso de los siglos, los edificios coptos empezaron a mostrar evidencias de la influencia islámica.

Árabe

Cuando el califato Rashidun llegó a Egipto en el siglo VII, el copto era la lengua nacional egipcia, aunque el griego se seguía utilizando para asuntos administrativos. Aunque el copto y el griego se utilizaban ampliamente, seguían siendo lenguas relativamente nuevas. El griego había sido introducido como lengua estatal por los ptolomeos, pero era utilizado principalmente por los estadistas y los comerciantes extranjeros. El cristianismo se impuso en Egipto hacia los siglos IV y V, lo que provocó un cambio masivo de las prácticas y la religión griegas clásicas. Hacia el año 451 de la era cristiana, se produjo una gran división entre las iglesias egipcias y griegas, lo que distanció aún más a los egipcios de los griegos. Aunque el copto era la principal lengua literaria de Egipto, seguía siendo una lengua relativamente nueva, ya que era una mezcla única de griego y egipcio antiguo.

El copto siguió siendo popular en Egipto incluso bajo el dominio árabe, ya que era la única lengua de la iglesia. Durante el primer siglo de dominación árabe, el árabe seguía estando reservado a los inmigrantes árabes, a los funcionarios del gobierno y a la élite gobernante. Con el tiempo, un gran número de árabes se trasladó a Egipto y los gobernantes islámicos se vieron obligados a derrotar una revuelta de campesinos coptos. Con el tiempo, muchos egipcios se convirtieron al islam, y los coptos se vieron obligados a pagar unos impuestos excesivos. En los siglos VIII y IX, la mayoría de los egipcios hablaban árabe, que se convirtió en la lengua principal del país. En la actualidad, la lengua nacional de Egipto es el árabe moderno estándar, que es una versión literaria estandarizada del árabe. Se desarrolló durante los siglos XIX y XX y se ajustó a un estándar escrito.

Arte y arquitectura islámicos

Durante los primeros tiempos del dominio islámico en Egipto, El Cairo se convirtió en el centro de la administración y la religión. Como resultado, se convirtió en el hogar de algunos de los más magníficos ejemplos de arquitectura islámica del mundo. El arte islámico está íntimamente ligado a la religión y suele representar el principio de la unidad divina. La caligrafía es muy popular, ya que se utiliza para escribir partes del Corán. Las mezquitas son probablemente lo primero que se le ocurre a la gente cuando piensa en la arquitectura islámica. Con el paso del tiempo, la arquitectura egipcia comenzó a tener estilos ayubíes, fatimíes, mamelucos, otomanos y otros modernos, que reflejaban los estilos de cada clase gobernante y sus períodos.

La mezquita de Ibn Tulun

Uno de los ejemplos más impresionantes de la arquitectura islámica en El Cairo es la mezquita de Ibn Tulun. Ibn Tulun estableció una dinastía gobernante en Egipto después de ser enviado allí para servir como gobernador en Fustat. La mezquita se construyó a semejanza de la gran mezquita de Samarra (Irak), que fue la casa de la infancia de Ibn Tulun. También presentaba elementos de la arquitectura española. En Egipto también se encuentra la antigua mezquita de Amr ibn al-As, construida pocos años después de la muerte del profeta Mahoma y poco después de la conquista islámica de Egipto. La mezquita de Amr ibn al-As era la más antigua de África; ha sido reconstruida varias veces a lo largo de los siglos.

Además de las mezquitas, las madrasas y los minaretes llegaron a dominar el horizonte egipcio. De hecho, El Cairo tiene tantos minaretes que la ciudad es conocida como «la Ciudad de los Mil Minaretes».

CUARTA PARTE:
Figuras clave de la historia egipcia

Capítulo 13: Tutankamón y su tumba maldita (1341-1327 a. C.)

El rey Tutankamón es uno de los gobernantes egipcios más famosos de todos los tiempos. A diferencia de muchos de sus predecesores, no es famoso por sus poderosas conquistas militares o su próspero reinado, sino por su tumba. Cuando Tutankamón era todavía un niño, heredó un país sumido en el caos a causa del fanatismo de su padre. El niño rey trabajó con asesores experimentados para corregir el rumbo de la nación. Sin embargo, esos asesores tenían sus propias agendas, que pronto se harían evidentes cuando Tutankamón murió. De acuerdo con las tradiciones de los monarcas egipcios, Tutankamón fue momificado y colocado en una tumba llena de riquezas. Desgraciadamente, fue colocado en una tumba improvisada que distaba mucho de las tumbas de sus predecesores.

Tutankamón fue olvidado por la historia, ya que fue sustituido por su visir, Ay, y más tarde por el general Horemheb. No fue hasta que un egiptólogo británico llamado Howard Carter descubrió la tumba del rey en 1922 que la historia de Tutankamón fue revelada al mundo. Su tumba estaba repleta de increíbles descubrimientos arqueológicos, pero pronto se convirtió en el centro de rumores y controversias, ya que una supuesta maldición arrasó con el equipo de Howard Carter. Durante las siguientes décadas, la historia de Tutankamón fascinaría al mundo mientras su tumba revelaba los secretos de la política del antiguo Egipto. Los expertos también han trabajado para encontrar la verdad detrás de la fatal «maldición».

Los padres de Tutankamón

Akenatón fue un faraón durante la XVIII dinastía del Reino Nuevo. Era hijo del gran rey Amenhotep III y de su esposa, Tiy. Al principio, Akenatón era conocido como Amenhotep IV, pero más tarde cambió su nombre por el de Akenatón para mostrar el honor al dios Atón. También fue el esposo de la legendaria reina Nefertiti, conocida por su capacidad como gobernante y su belleza. Durante los últimos años del reinado de Amenhotep III, su hijo gobernó como corregente para aprender los entresijos del gobierno de Egipto.

Akenatón y su familia adorando a Atón

Sin embargo, poco después de que Akenatón se convirtiera al monoteísmo, perdió el interés por gobernar y se obsesionó con el culto religioso de Atón. Esto hizo que sus consejeros y su esposa principal, Nefertiti, tuvieran que asumir la responsabilidad y se vieran obligados a gobernar en su nombre. Hay algunas pruebas de que ocasionalmente participaba en los asuntos de Estado, pero en su mayor parte, descuidó Egipto. Akenatón tenía fama de ser un hombre de familia y pudo haber tenido siete u ocho hijos de diferentes esposas. Los registros muestran que hacia el final de su reinado, Akenatón gobernaba con un corregente, posiblemente su esposa Nefertiti o su hija Meritatón.

Hubo cierta disputa sobre la madre de Tutankamón, ya que algunos pensaban que Nefertiti era su madre mientras que otros creían que su madre era Meketatón, la hija de Akenatón y Nefertiti. Sin embargo, todas esas afirmaciones se demostraron falsas cuando se descubrieron tres momias femeninas en la tumba de Amenhotep II. Las pruebas de ADN demostraron que una de las momias, apodada «la Dama Joven», era la hermana de Akenatón y madre de Tutankamón. En 2013, un egiptólogo llamado Marc Gabolde cuestionó esa teoría. Afirmó que otras pruebas de ADN demostraban que la Dama Joven era la hija de Nefertiti. Con el tiempo, los historiadores podrían encontrar el cuerpo de Nefertiti y demostrar que era la verdadera madre de Tutankamón.

Vida temprana

Como en la mayoría de las monarquías, los egipcios eran muy cuidadosos en cuanto a la línea de sucesión. Hacia el final de la vida de Akenatón, parece que sus funciones fueron asumidas por uno o dos corregentes. No se sabe mucho sobre estos corregentes, y sus nombres solo aparecen en unos pocos monumentos de Ajetatón que se han datado al final del reinado de Akenatón. La inscripción se refiere a Semenejkara, que compartía el nombre de coronación Anjjeperura con un individuo llamado Neferneferuatón. En el antiguo Egipto, los nombres de coronación eran exclusivos de un gobernante y no se compartían. Esto ha llevado a muchos a creer que Semenejkara podría haber sido realmente Neferneferuatón (el nombre completo de Nefertiti). Está claro que se nombró un corregente durante los últimos años del reinado de Akenatón. El corregente gobernó durante un breve periodo tras la muerte de Akenatón, ya que Tutankamón era entonces solo un niño.

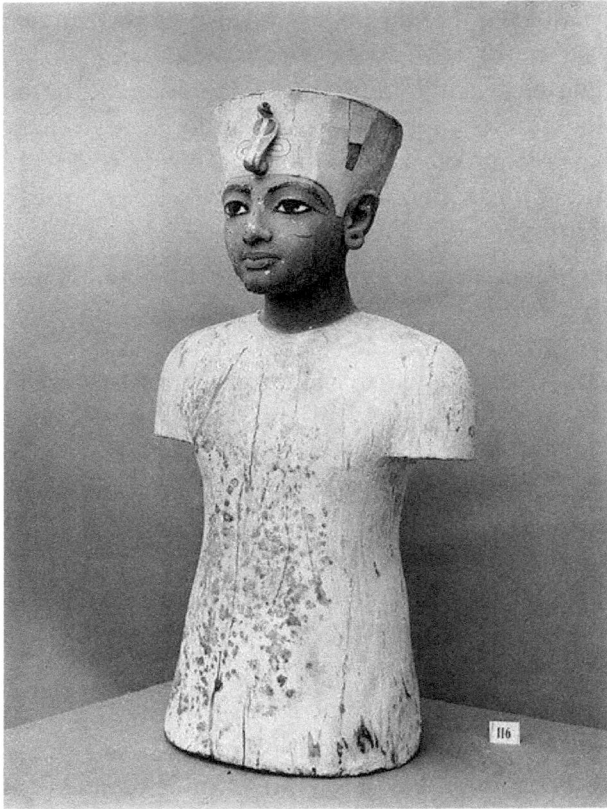

Escultura de Tutankamón
Harry Burton (1879-1940), dominio público, vía Wikimedia Commons;
https://commons.wikimedia.org/wiki/File:Tutankhamun_tomb_photographs_4_326.jpg

Algunos historiadores creen que Semenejkara pudo ser la hija mayor de Akenatón, Meritatón. No está claro si fue elevada a esta posición a través del matrimonio con su padre o si simplemente se le otorgó el cargo. Sin embargo, algunos sugieren que Semenejkara podría haber sido el marido de Meritatón. Unos pocos investigadores han teorizado que Semenejkara podría haber sido uno de los hijos de Akenatón y que Semenejkara y Tutankamón eran hermanos. Las pruebas de los corregentes sugieren que se intentó mantener el trono hasta que Tutankamón tuviera la edad suficiente para gobernar. Como no se sabe mucho sobre Semenejkara, no se sabe cómo terminó el gobierno del corregente, pero poco después de la muerte de Akenatón, Tutankamón, de nueve años, se convirtió en rey.

Reinado

Tutankamón heredó el trono alrededor del año 1333 a. C. y se casó rápidamente con su hermana, Anjesenamón, que probablemente era su hermana mayor superviviente. Tomó el nombre de coronación de Nebkheperure. Debido a su edad, gobernó junto a dos consejeros, Ay y Horemheb. Ay era un consumado cortesano que había mantenido durante mucho tiempo estrechos vínculos con la familia real, mientras que Horemheb era un militar capaz que había demostrado su valía en el campo de batalla. Tutankamón había recibido el nombre de Tutanjatón al nacer, pero después de tres años de gobierno, se nombró a sí mismo Tutankamón y trasladó la capital real de Ajetatón a Menfis. Fue un movimiento decisivo que separó su reinado del de su padre. Tutankamón restauró los antiguos dioses y comenzó a restaurar el culto a Amón.

Durante su reinado, también construyó un templo en Tebas, un palacio en Karnak y añadió la columnata del templo de Lúxor. Desgraciadamente, el templo y Karnak fueron destruidos algún tiempo después de su reinado. Tutankamón y Anjesenamón tuvieron dos hijas, pero las niñas nacieron muertas y es posible que murieran como resultado de complicaciones causadas por el incesto. Aunque Tutankamón solo gobernó durante unos nueve años, está claro que puso mucho empeño en revertir las políticas religiosas de su padre.

Muerte

Dado que Tutankamón se hizo más famoso tras el hallazgo de su tumba, es natural que la gente se sienta fascinada por la causa de su muerte. Los historiadores no se ponen de acuerdo sobre lo que pudo matar al rey, lo que ha llevado al desarrollo de varias teorías. Se ha descubierto que Tutankamón era relativamente alto, pero que padecía una terrible enfermedad ósea que le provocó un pie equino varo. Probablemente no era un niño fuerte y puede haber sido enfermizo. Sorprendentemente, los investigadores encontraron un agujero en la parte posterior de su cráneo, lo que llevó a muchos a creer que el joven rey había sido asesinado. Esta teoría fue desmentida recientemente cuando se reveló que el agujero se hizo probablemente durante el proceso de momificación.

Las pruebas han demostrado que la pierna izquierda del rey estaba rota e infectada. El rey tenía múltiples infecciones de malaria, que podrían haberle causado la muerte. Las tomografías computarizadas revelaron que el joven rey tenía la columna vertebral curvada, la cabeza larga y el paladar hendido. Sus vértebras superiores estaban fusionadas, lo que podría haber dificultado la vida del rey. Algunos investigadores han sugerido que Tutankamón sufrió un accidente de carro que le dejó las piernas y la pelvis rotas. A continuación contrajo una infección que envenenó su sangre y lo mató.

Desgraciadamente, los expertos no pueden decir qué huesos de Tutankamón se rompieron en vida y qué daños causó el equipo de Howard Carter. Tutankamón fue enterrado con varios collares y anillos, que fueron retirados por el equipo de Carter. El proceso de extracción dañó la frágil momia, lo que ha dificultado enormemente la identificación de la causa de su muerte. Es posible que los investigadores nunca descubran qué mató al joven rey, pero desde luego no dejarán de intentar averiguarlo.

La carrera por enterrar al rey Tutankamón

Aunque no está claro por qué murió Tutankamón, sí está claro que murió repentinamente y sin previo aviso. La línea de sucesión era confusa, y parece que Horemheb podría haber sido el sucesor aceptado de Tutankamón, ya que podría haber tenido el título de «príncipe heredero». Los historiadores consideran que Horemheb había sido nombrado heredero de Tutankamón en caso de que el rey muriera sin ninguno. En cuanto murió Tutankamón, la corte egipcia se sumió en la confusión. Horemheb se encontraba en Asia con el ejército egipcio y regresó a Egipto en cuanto se enteró de la noticia, pero solo podría volver al cabo de unos meses. Ay seguía en la corte y se propuso convertirse en rey. Para ello, tendría que ser él quien enterrara al joven faraón. Ay también tuvo que enfrentarse a un reto inesperado.

Cámara funeraria de Tutankamón

Romagy, CC BY-SA 4.0 https://creativecommons.org/licenses/by-sa/4.0 vía Wikimedia Commons; https://commons.wikimedia.org/wiki/File:Tutankhamun_KV62_burial_chamber_and_sarcophagus.jpg

La viuda de Tutankamón, Anjesenamón, se estableció rápidamente como aspirante al trono, ya que pudo haber solicitado al rey hitita que le permitiera casarse con su hijo. Los registros hititas indican que los hititas recibieron una carta urgente de una reina egipcia llamada Nibkhururiya. Le rogaba al rey hitita que le enviara uno de sus hijos para poder casarse con él. Los hititas enviaron un emisario que regresó con otra súplica urgente y varias garantías. Si Anjesenamón tenía realmente la intención de convertirse en reina de Egipto por derecho propio, su plan habría sido abominable para los egipcios, ya que habría sido una violación del ma'at tener un rey extranjero en el trono. El príncipe hitita nunca llegó a Egipto, y es posible que fuera asesinado por Ay. También hay pruebas de que Nefertiti pudo ser la reina que rogó a los hititas por un marido.

Mientras la familia real y los cortesanos se disputaban el dominio, había que resolver el asunto de la tumba de Tutankamón. Como el rey murió antes de que se completara su tumba oficial, se encontró una tumba privada en el Valle de los Reyes y se la transformó rápidamente. Parece que algunos de los regalos de entierro de Tutankamón tuvieron que hacerse a toda prisa, y su proceso de momificación también puede haberse acelerado, ya que su cráneo probablemente se dañó poco después de su muerte. Con el tiempo, se perdió la ubicación de la tumba de Tutankamón y se construyeron cabañas de obreros sobre la entrada.

Sucesores

Según los registros antiguos, parece que Ay sirvió a Akenatón en Ajetatón como uno de sus cortesanos. Es probable que Ay comenzara su servicio civil en el ejército y acabara convirtiéndose en maestro de caballos y jefe de tropas. En algún momento de su carrera, se convirtió en un amigo excepcionalmente cercano a la familia real. Su esposa, Tey, también se convirtió en una de las enfermeras de Nefertiti. Se ha sugerido que Ay y Tey eran los padres de Nefertiti, aunque esta afirmación sería difícil de probar. Tan pronto como murió Akenatón, Ay se convirtió en uno de los asesores más cercanos de Tutankamón y puede haber llevado al joven rey a revertir muchas de las políticas de Akenatón.

Poco después de la muerte de Tutankamón, Ay se convirtió en el rey de Egipto, haciéndolo alrededor del año 1323 a. C. Es posible que se quedara con la tumba y el templo mortuorio del joven rey, ya que su tumba era mucho más lujosa que la de Tutankamón. Los investigadores han encontrado varios artefactos con los nombres de Ay y Anjesenamón, lo que ha llevado a algunos a creer que Ay se casó con la viuda de Tutankamón, pero no existen muchas pruebas que apoyen este hecho. Aunque Ay se hizo con el trono, murió alrededor del año 1319 a. C., dejando el trono a Horemheb.

Una vez que Horemheb se convirtió en rey, continuó restaurando los templos y los cultos de los antiguos dioses, pero también comenzó a borrar los nombres de sus predecesores, es decir, Ay, Tutankamón y Akenatón. Grabó sus nombres sobre sus monumentos y combinó los registros de sus reinados con el suyo propio. Es sorprendente que Horemheb decidiera borrar a sus predecesores de la historia, ya que estaba casado con Mutnedymet, que probablemente estaba relacionada con la familia real. Su matrimonio y su relación con Tutankamón sugieren que estaba cerca de la familia real. Horemheb sería el último rey de la XVIII dinastía y le sucedió su visir, Ramsés I.

Howard Carter

Howard Carter nació el 9 de mayo de 1874 en Swaffham, Norfolk, Inglaterra. Era uno de once hijos y demostró un gran talento artístico, lo que llevó a una vecina de la familia, lady Amherst, a organizar el viaje de Carter a Egipto. Cuando tenía diecisiete años, participó en un estudio arqueológico de Egipto. Mientras trabajaba en el estudio, demostró su talento copiando hábilmente las decoraciones de las tumbas. Más tarde se convirtió en inspector general del departamento de antigüedades egipcias. En 1902, ayudó a descubrir las tumbas de Hatshepsut y Tutmosis IV. Carter llevó un diario durante su vida, que ofrece una visión detallada de las excavaciones que supervisó y de sus descubrimientos.

Durante su etapa como inspector general, Carter supervisó numerosas excavaciones y restauraciones en el Valle de los Reyes. En 1904 fue trasladado al Bajo Egipto, donde se le permitió dirigir sus propias excavaciones. Sin embargo, dimitió un año más tarde después de que los guardias egipcios del sitio se vieran involucrados en un altercado con turistas franceses. Optó por apoyar a los guardias egipcios y se negó a pedir disculpas a los franceses. En 1907, se le encargó la supervisión de más excavaciones en el Valle de los Reyes después de que el quinto conde de Carnarvon lo solicitara.

Descubrimiento de la tumba de Tutankamón

Carter y lord Carnarvon trabajaron juntos durante varias temporadas, pero se vieron obligados a tomarse un descanso durante la Primera Guerra Mundial. Los hombres no tardaron en encontrar varias pruebas que llevaban el nombre de Tutankamón, lo que hizo creer a Carter que estaban cerca de encontrar la tumba del rey. Desgraciadamente, tras años de búsqueda, Carter solo encontró antiguas cabañas de obreros y unas cuantas jarras de calcita. Lord Carnarvon empezó a perder interés en las teorías de Carter, pero este consiguió convencer al conde para que le apoyara una temporada más.

Howard Carter examina el sarcófago de Tutankamón
https://commons.wikimedia.org/wiki/File:Tuts_Tomb_Opened.JPG

La última temporada de Carter comenzó el 1 de noviembre de 1922. Decidió excavar las cabañas de los obreros y, cuando terminaron de exponerlas, descubrieron que un escalón había sido tallado en el suelo. Los obreros no tardaron en revelar una escalera que terminaba en una entrada cubierta que llevaba los sellos de la necrópolis real. Más tarde, Carnarvon llegó a Lúxor y el equipo pudo comenzar las excavaciones en la tumba. Rápidamente se hizo evidente que la tumba había sido robada dos veces después de que Tutankamón fuera enterrado, pero la tumba había sido sellada de nuevo, lo que llevó al equipo a creer que todavía quedaba algo. Según el diario de Carter, hizo un pequeño agujero en la entrada de la tumba y realizó algunas pruebas para asegurarse de que el aire de la tumba era seguro. Una vez que determinó que lo era, se asomó al agujero y vio que la tumba estaba llena de «cosas maravillosas».

Contenido de la tumba

La tumba de Tutankamón era mucho más pequeña que las de otros faraones, pero debido a su pequeño tamaño y su oscura ubicación, estaba protegida de los ladrones de tumbas. Aunque el vestíbulo de entrada fue saqueado poco después de su muerte, las cámaras interiores de la tumba permanecieron intactas. El equipo de Carter encontró unos 5.000 objetos en la tumba, entre los que había ropa, 130 bastones, carros, muebles y obras de arte. Había tantos artefactos en la tumba que Carter y su equipo tardaron una década en documentar completamente sus hallazgos.

Fotografías de la tumba de Tutankamón
https://commons.wikimedia.org/wiki/File:Tutankhamun_tomb_photographs_2_026.jpg

Uno de los hallazgos más sorprendentes fue el sarcófago del rey, que estaba formado por tres ataúdes que encajaban entre sí. El ataúd del rey Tut era de oro macizo y aún conservaba su cuerpo. Fue enterrado con estatuas y joyas de oro. Aunque los tesoros eran asombrosos y ciertamente valiosos, los arqueólogos estaban muy emocionados por el descubrimiento de la momia de Tutankamón. La tumba también contenía una inusual daga con una hoja probablemente hecha de un meteorito. Los objetos de la tumba proporcionaron una rara visión de la vida de los faraones y permitieron a los historiadores conocer de cerca los procesos de trabajo del metal en el antiguo Egipto. El ajuar funerario de Tutankamón también reveló el carácter apresurado de su entierro, ya que muchos de los objetos estaban destinados originalmente a otros destinatarios, concretamente a Semenejkara y Neferneferuatón.

La maldición de Tutankamón

El descubrimiento de Carter fue impresionante porque la mayoría de los arqueólogos creían que todas las tumbas del Valle de los Reyes habían sido completamente saqueadas por los ladrones de tumbas. Cuando se anunció su descubrimiento, la noticia recorrió el mundo y se convirtió en una historia sensacional. Turistas y reporteros acudieron en masa a la tumba, y cada vez que se sacaba algo de ella, se disparaban cientos de cámaras. Durante los primeros meses de la excavación, la tumba fue un circo mediático. A medida que la noticia se extendía por todo el mundo, también surgían rumores de una maldición.

Turistas y periodistas ante la tumba de Tutankamón
https://commons.wikimedia.org/wiki/File:Tourists_outside_Tutankhamun%27s_tomb,_February_1923.jpg

Varias revistas y periódicos informaron de que «el castigo más terrible sigue a cualquier intruso imprudente en una tumba sellada». Poco después, lord Carnarvon murió en El Cairo y la ciudad sufrió un apagón. Esto estimuló más rumores, y Arthur Conan Doyle se unió a la contienda diciendo a la prensa que un espíritu maligno había sido creado por los antiguos sacerdotes egipcios para proteger al rey. En los años siguientes, la historia se perpetuó cuando varias personas notables relacionadas con el descubrimiento de la tumba murieron por causas misteriosas o violentas. En 1923, el príncipe Ali Kamel Fahmy Bey fue asesinado por su esposa. En 1924, sir

Lee Stack (gobernador general de Sudán) fue asesinado en El Cairo. En 1928, Arthur Mace, miembro del equipo de excavación, murió envenenado con arsénico. En 1929, Richard Bethell, secretario de Carter, fue asfixiado en su cama. Y en 1939, Howard Carter murió de la enfermedad de Hodgkin. Aunque los rumores de una maldición se convirtieron en sinónimo de la tumba de Tutankamón, nunca se encontró ninguna mención a una maldición en la tumba, y muchas personas que participaron en la excavación vivieron vidas largas y felices.

Capítulo 14: Hatshepsut y Cleopatra: mujeres en el poder

El antiguo Egipto fue gobernado por muchos individuos poderosos que cambiaron el curso de la historia. Dos de esos gobernantes fueron mujeres que llegaron a gobernar Egipto por derecho propio utilizando situaciones políticas complicadas en su beneficio. Hatshepsut y Cleopatra no fueron las primeras mujeres en gobernar Egipto, pero fueron capaces de mantenerse en el trono durante muchos años y dejaron una influencia duradera. Aunque sus reinados fueron inusuales para la época, ambas fueron gobernantes de éxito que consiguieron ganarse el cariño de sus súbditos. El éxito de sus reinados puede atribuirse a su habilidad, ingenio y creatividad para resolver problemas.

Hatshepsut era la heredera legítima al trono y demostró su capacidad al gobernar en nombre de su ineficaz marido. Finalmente, fue capaz de gobernar por derecho propio e ideó una forma creativa de mantener el principio egipcio de armonía y equilibrio, que requería que hubiera un gobernante masculino y otro femenino en el trono. Cleopatra, por su parte, tuvo que ser más astuta que su familia y abrirse camino a través de una situación política mortal para asegurarse el trono. Por desgracia, ambas mujeres vieron empañada su reputación, y su legado se vio oscurecido por el tiempo, por los rumores, y por los sucesores y eruditos vengativos.

El ascenso al poder de Hatshepsut

Hatshepsut nació alrededor del año 1504 a. C., hija de Tutmosis I y su esposa, Ahmose. Parece que Hatshepsut estaba muy orgullosa de su padre e incluso lo enterró en su propia tumba. También afirmó que él la nombró sucesora antes de fallecer, pero esto es poco probable, ya que las mujeres faraonas no se conocían en aquella época. Tutmosis I fue un rey capaz que amplió las fronteras de Egipto. Fue famoso por sus campañas militares y supuestamente volvió a Tebas tras una exitosa campaña en Nubia con el cuerpo desnudo de un jefe nubio colgando de su barco.

Tradicionalmente, el trono pasaba del faraón a su hijo. Normalmente, el honor recaía en el hijo del faraón por parte de su reina, pero si la reina no tenía un hijo, entonces se elegía al hijo de una esposa secundaria (una concubina del harén). Ahmose parece haber proporcionado a Tutmosis I dos hijos, pero ambos murieron a una edad temprana. Como resultado, el heredero de Tutmosis I fue Tutmosis II, su hijo de una de sus esposas secundarias, Mutnofret. Para reforzar el linaje de Tutmosis II, se casó con Hatshepsut cuando esta solo tenía doce años. Las esculturas que la representan como esposa de Tutmosis II la muestran de pie detrás de su marido.

Sin embargo, Tutmosis II era débil y no pudo estar a la altura del legado de su padre. Como reina de Egipto, Hatshepsut fue elevada a la posición de «esposa de dios Amón». Durante su matrimonio, Hatshepsut dio a luz a Neferura, una hija y única descendencia conocida de Hatshepsut.

Como esposa del dios Amón, Hatshepsut desempeñaba un papel en la elaboración de políticas y presidía los festivales de Amón. Aunque no se sabe mucho sobre sus responsabilidades exactas, es probable que desempeñara un papel importante en la sociedad egipcia y que fuera venerada como un ser divino. También se le habría exigido que cantara y bailara para Amón en todos sus festivales para que este participara en ellos. Su papel como esposa del dios Amón la habría expuesto al funcionamiento interno del gobierno.

Tutmosis II murió hacia el año 1479 a. C. y el trono pasó a Tutmosis III, hijo de una de las esposas secundarias de Tutmosis II. Hatshepsut fue nombrada corregente del príncipe y solo debía gobernar hasta que este tuviera la edad suficiente para ocupar el trono. Esta era una práctica común en Egipto, ya que las reinas viudas solían gobernar en nombre de sus parientes masculinos más jóvenes hasta que tenían la edad suficiente para gobernar solos. Aunque Hatshepsut gobernaba definitivamente el reino, Tutmosis III era reconocido como el rey de Egipto.

Todo esto cambió en el séptimo año de su regencia. Se declaró faraona de Egipto y asumió todos los títulos de faraón. Aunque seguía utilizando términos gramaticales femeninos al inscribir sus títulos, comenzó a representarse con la barba faraónica masculina. Tutmosis III fue desplazado. Se lo representaba en las tallas junto a Hatshepsut, pero normalmente era más pequeño que ella o se lo colocaba directamente detrás. Estaba claro quién gobernaba realmente el reino.

Reinado

Hatshepsut se dio cuenta de que tendría que ser creativa para consolidar su gobierno, ya que no tenía ningún precedente que seguir. Uno de sus primeros actos fue casar a su hija Neferura con Tutmosis III y convertir a Neferura en la esposa del dios Amón. Sus acciones aseguraron que, aunque fuera depuesta, seguiría siendo una de las personas más poderosas de todo Egipto. También afirmó que el dios Amón había visitado a Ahmose una noche y había engañado a la reina haciéndole creer que era Tutmosis I. Cuando el dios se reveló a la reina, esta se dejó vencer y concibieron a Hatshepsut. También afirmó que Tutmosis I la había nombrado corregente y que su reinado había sido profetizado por un oráculo unos ochenta años antes.

Estatuas de Hatshepsut, representada a la derecha con la barba faraónica

Los esfuerzos de Hatshepsut tuvieron éxito y fue la primera mujer en gobernar Egipto por derecho propio. Sobekneferu probablemente gobernó antes que Hatshepsut, pero es difícil saber en qué calidad debido a la falta de información. Hatshepsut lanzó varias campañas militares e inició numerosos proyectos de construcción. También se apoyó en uno de sus consejeros, Senenmut. Este cortesano alcanzó una influencia asombrosa durante el reinado de Hatshepsut y fue puesto a cargo de todos sus proyectos de construcción. También se le encargó el cuidado de Neferura. Hatshepsut demostró ser una líder capaz que trajo prosperidad al país. Fomentó nuevas rutas comerciales e incluso fue capaz de lanzar su propia expedición al vecino reino de Punt. Según los registros, regresó con barcos cargados de marfil, mirra, animales exóticos y oro. Consideró la expedición como su mayor logro e hizo grabar el acontecimiento en las paredes de su templo mortuorio. El éxito fue tal que su popularidad e influencia aumentaron considerablemente.

Proyectos de construcción de Hatshepsut

Hatshepsut se esforzó mucho por legitimar su reinado, y una de las formas en que reforzó su posición fue construyendo mucho. Sus proyectos proporcionaron muchos puestos de trabajo a la gente común, y eran increíblemente bellos. El hecho de que pudiera llevar a cabo tantos proyectos demuestra que era responsable de todos los recursos de Egipto, ya que no habría podido llevar a cabo ninguno de ellos sin tener acceso a una riqueza significativa. También demuestra que el país debía estar en paz durante su reinado, ya que no habría podido desviar tantos recursos si hubiera estado preocupada por defender sus órdenes o invadir otros países.

Templo de Hatshepsut
© *Vyacheslav Argenberg* http://www.vascoplanet.com *, CC BY 4.0*
https://creativecommons.org/licenses/by/4.0 *vía Wikimedia Commons;*
https://commons.wikimedia.org/wiki/File:Temple_of_Hatshepsut_2,_Deir_el-Bahari,_Luxor,_Egypt.jpg

Pudo ampliar el templo de Karnak y construir su gran templo mortuorio en Deir el-Bahari. Los investigadores han observado que sus templos estaban elegantemente construidos. El templo mortuorio de Hatshepsut tenía patios con árboles, estanques y una terraza. Una de las terrazas estaba revestida de columnas que conducían a otra impresionante terraza. Su cámara funeraria se encontraba en la parte trasera del edificio y estaba tallada en la propia montaña. El templo estaba decorado con inscripciones, estatuas y relieves. Hatshepsut fue una de las primeras en construir en el Valle de los Reyes, y su templo inspiró a futuros faraones a construir también sus templos en el valle. Hatshepsut fue una gran mecenas de las artes. Encargó tantas obras que casi todos los museos de arte egipcio antiguo tienen una obra encargada por ella.

Durante la mayor parte del reinado de Hatshepsut, Tutmosis III fue general del ejército egipcio. Alrededor del año 1457 a. C., Tutmosis III emprendió una campaña para reprimir una rebelión en Kadesh, que se conoció como la batalla de Megido. A su regreso, se convirtió en rey y Hatshepsut desapareció de los registros antiguos. Es probable que Hatshepsut haya muerto en ese momento. Sin embargo, Tutmosis III cambió la fecha de su reinado para que comenzara después de la muerte de su padre y se atribuyó todos los logros de Hatshepsut.

Los primeros años de Cleopatra

Cleopatra nació en el año 69 a. C. y recibió el nombre de Cleopatra VII Filopátor. En algún momento de su juventud, se convirtió en corregente de su padre. El padre de Cleopatra era Ptolomeo XII Auletes, y su madre podría haber sido Cleopatra V Trifena. En el año 51 a. C., Ptolomeo XII murió (probablemente por causas naturales) y dejó el trono a Cleopatra, de dieciocho años. La tradición dictaba que tenía que gobernar con un homólogo masculino, y se casó con su hermano, Ptolomeo XIII. Sin embargo, pronto eliminó su nombre de los registros oficiales y gobernó por derecho propio.

Cleopatra demostró ser una líder competente y una políglota dotada. Era capaz de conversar con naturalidad en egipcio, griego y otros idiomas. Esto le permitió desarrollar una estrecha relación con los diplomáticos. Era conocida por su carisma. Plutarco relata que trabajó personalmente con diplomáticos de «naciones bárbaras» sin necesidad de un traductor. Sin embargo, pronto causó roces con sus propios consejeros, ya que a menudo tomaba decisiones sin consultarles. En el año 48 a. C., fue traicionada por sus consejeros cuando estos dieron un golpe de estado contra ella e instalaron a su hermano en el trono. Cleopatra y su hermana, Arsínoe, se vieron obligadas a huir para ponerse a salvo.

Julio César

En esta época, Pompeyo el Grande (un político romano) luchaba contra Julio César. Pompeyo había pasado mucho tiempo en Egipto y creía que los ptolomeos estaban de su lado. Cuando perdió la batalla de Farsalia, huyó a Egipto con la esperanza de conseguir refugio y apoyo. Nada más llegar a Alejandría, fue asesinado en la orilla, al parecer ante la mirada de Ptolomeo XIII. Es posible que el principal consejero de Ptolomeo XIII, Potino, aconsejara al joven rey que asesinara a Pompeyo, ya que se creía que la victoria de Julio sobre Pompeyo era una señal del favor divino. Por desgracia para Ptolomeo XIII, Julio César se sintió profundamente ofendido por el asesinato de Pompeyo. Cuando llegó a Alejandría, declaró la ley marcial y se convirtió en el gobernante interino de Egipto, obligando a Ptolomeo XIII a huir a Pelusio.

Cleopatra recibiendo a César
https://commons.wikimedia.org/wiki/File:Cleopatra_welcoming_Caesar.jpg

Cuando Cleopatra se enteró de la situación, supo que tenía que ganarse el favor de Julio César. Según la leyenda, Cleopatra se enrolló en una costosa alfombra y fue llevada a palacio. Julio César quedó inmediatamente prendado de la joven, y ambos se convirtieron en amantes. Cuando Ptolomeo XIII regresó a su palacio al día siguiente, descubrió que Cleopatra había conquistado a César. Como consecuencia, estalló la guerra entre las legiones romanas y el ejército egipcio. Durante ese tiempo, Cleopatra y César se vieron obligados a esconderse en el palacio hasta que llegaron los refuerzos romanos. La guerra tuvo lugar en Alejandría, y la ciudad sufrió grandes daños. Seis meses después llegaron más soldados romanos y su victoria parecía inevitable. Aunque Cleopatra se sentía segura en su posición junto a Julio César, estaba a punto de ser traicionada de nuevo, esta vez por la hermana que había llevado al exilio.

Arsínoe

En algún momento antes de la victoria romana, Arsínoe escapó del palacio y se unió a Ptolomeo XIII. Entonces fue proclamada reina de Egipto en lugar de su hermana mayor. Esto habría sido un duro golpe para la causa de César y Cleopatra, ya que el testamento de Ptolomeo XII decía que sus sucesores serían su hijo y su hija, que gobernarían juntos. Arsínoe consiguió cambiar la situación en contra de los romanos e incluso atrapó a César en una parte de la ciudad bloqueando algunas calles. Después, sus fuerzas vertieron agua de mar en las cisternas romanas, lo que habría contaminado sus suministros de agua dulce. César intentó lanzar un ataque contra el Faro de Alejandría en un esfuerzo por ganar la ventaja. Las fuerzas de Arsínoe consiguieron atraparlo allí, pero se despojó de su armadura y saltó al puerto.

En un momento de la guerra, Arsínoe fue traicionada por sus tropas y entregada como prisionera a Julio César a cambio de Ptolomeo XIII (que había sido capturado en algún momento de la contienda). Poco después, los romanos ganaron la guerra y Ptolomeo XIII se ahogó en el Nilo durante una batalla. En el año 46 a. C., Arsínoe formó parte del desfile de la victoria de Julio César en Roma. Según la tradición romana, debía ser ejecutada tras el desfile, pero se ganó la simpatía de los romanos y Julio César se vio obligado a perdonarle la vida. En lugar de permitirle regresar a Egipto, donde supondría una amenaza para el gobierno de Cleopatra, fue enviada al templo de Artemisa en Éfeso, que era un famoso santuario para prisioneros políticos. Arsínoe fue asesinada en el año 41 a. C. cuando Marco Antonio encargó a unos asesinos que la mataran. La sacaron del templo de Artemisa y la estrangularon en las escaleras, lo que provocó un gran escándalo en Roma. El santuario del templo debía ser sagrado, y el asesinato se consideró una obscena violación de la ley romana.

Reinado

Después de que Julio César ganara la guerra en Alejandría, restauró a Cleopatra en el trono. Se unió a ella su hermano menor, Ptolomeo XIV, que tenía entonces trece años. Eligió quedarse en Egipto junto con Cleopatra, y ambos recorrieron todo Egipto mientras Cleopatra establecía su autoridad. En el año 47 a. C., Cleopatra dio a luz al hijo de César, Ptolomeo César (Cesarión), que se convirtió en el heredero de Cleopatra. En este momento, comenzó a alinear su imagen con la de la diosa madre, Isis. Alrededor del año 45 a. C., Cleopatra viajó a Roma con Julio César y permaneció allí hasta que este fue asesinado en el año 44 a. C.

Aunque Cleopatra se hacía popular en Egipto, no ganó mucha influencia en Roma. César había continuado abiertamente su relación con Cleopatra a pesar de estar casado con Calpurnia. Incluso reconoció públicamente que Cesarión era su hijo. Los romanos tenían leyes estrictas contra la bigamia, y las acciones de César fueron muy impopulares. Como resultado, los romanos criticaron duramente a Cleopatra, que obtuvo pocos aliados romanos. Poco después de que Cleopatra regresara a Egipto, murió Ptolomeo XIV (se rumorea que fue envenenado por Cleopatra), y Cesarión se convirtió en corregente de Cleopatra. En ese momento, ella comenzó a representarse a sí misma como Isis y a su hijo como Horus.

Marco Antonio

Tras el asesinato de Julio César, Roma se sumió en una época de caos político mientras el gobierno intentaba encontrar un sucesor. Finalmente, Marco Antonio y Octavio surgieron como sucesores de César y se convirtieron en gobernantes conjuntos de Roma. Marco Antonio controlaba la parte oriental del imperio, mientras que Octavio controlaba la occidental. En el año 41 a. C., Antonio convocó a Cleopatra a Tarso y planeó acusarla de ayudar a los rebeldes romanos. Cleopatra llegó tarde a propósito, y cuando finalmente llegó a Tarso, se presentó como la diosa Afrodita. Al parecer, llegó en una barcaza dorada con velas de color púrpura y se sentó bajo un dosel de tela dorada. Marco Antonio quedó prendado de Cleopatra y ambos iniciaron una relación que duraría diez años. Durante esos años, Cleopatra dio a luz a gemelos: Alejandro Helios y Cleopatra Selene II. Marco Antonio llegó a divorciarse de su esposa, Octavia, y se casó con Cleopatra.

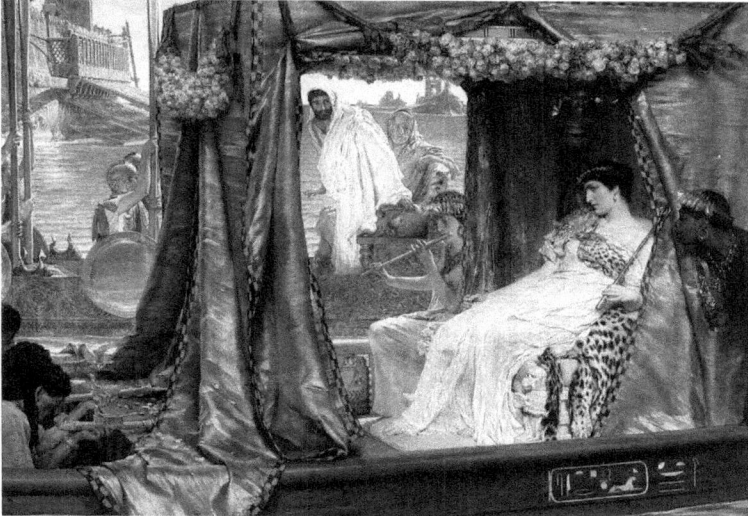

Cleopatra navegando hacia Tarso
https://commons.wikimedia.org/wiki/File:Alma-tadema-antony-cleopatra.jpeg

Desgraciadamente, la relación de Marco Antonio con Octavio acabó decayendo, y Roma se vio sumida en la guerra. Marco Antonio había perdido el apoyo en Roma debido a su flagrante desprecio por la tradición romana. Ciertamente no ayudó a Marco Antonio el hecho de que humillara públicamente a la hermana de Octavio cuando se divorció de ella en favor de Cleopatra. Marco Antonio y Cleopatra perdieron la batalla de Accio en el año 31 de la era cristiana. Un año después, se vieron obligados a enfrentarse al ejército romano, que se proponía invadir Egipto. Según la leyenda, Marco Antonio se apuñaló a sí mismo tras enterarse de que Cleopatra había sido asesinada. Al parecer, Octavio permitió que Marco Antonio fuera devuelto a Cleopatra, donde murió en sus brazos. Ella se suicidó poco después, y Octavio acabaría convirtiéndose en el único emperador romano. Desgraciadamente, las grandes pretensiones de Cleopatra sobre Cesarión llevaron a su ejecución, pero a sus gemelos se les permitió seguir viviendo.

Capítulo 15: Saladino: el primer sultán de Egipto

Saladino fue el primer sultán tanto de Egipto como de Siria. Sus esfuerzos fundaron la dinastía ayubí, y fue fundamental para la unificación de los estados musulmanes medievales, aunque sus campañas contra otros líderes musulmanes le granjearon muchos enemigos. Durante su apogeo, gobernó Siria, Egipto, partes de Mesopotamia, Arabia occidental, Yemen, partes del norte de África y Nubia.

Vida temprana

Saladino nació en Tikrit, Irak, alrededor del año 1137 de la era cristiana. Se llamaba Yusuf Ibn Ayyub y formaba parte de una poderosa familia militar. Su padre, Ayyub, y su tío, Shirku, sirvieron a las órdenes del gobernador del norte de Siria, Imad al-Din Zangi. El linaje de Saladino lo puso en contacto con personajes influyentes y le proporcionó las habilidades que más tarde emplearía en sus campañas militares. Creció en Damasco y pronto demostró su valía. Saladino se ganó la reputación de ser un experto jinete y jugador de polo. De joven, ascendió rápidamente en el escalafón militar y sirvió a las órdenes de su tío cuando fueron enviados en una expedición militar a Egipto.

Shirku sirvió a las órdenes del hijo de Zangi, Nur al-Din. En 1169, Shirku murió y Saladino fue elegido para ocupar el lugar de su tío. En ese momento, Saladino fue nombrado visir del califato fatimí. Dos años después, el último califa fatimí murió, y Saladino se proclamó inmediatamente gobernador de Egipto. Los gobernantes de la dinastía fatimí habían sido musulmanes chiíes, pero Saladino era musulmán suní. Inmediatamente comenzó a frenar la influencia chií. Durante su mandato como gobernador egipcio, fortaleció Egipto, que se convirtió en una poderosa base suní. Como visir, Saladino comenzó a reformar las condiciones sociales y económicas del reino. Eliminó los impuestos contrarios a la ley islámica y comenzó a construir una poderosa armada. Saladino seguía gobernando en nombre de Nur al-Din; en ese momento, Nur al-Din era el gobernador de Alepo y Edesa. Sin embargo, Saladino empezó a colocar a miembros de su familia en puestos de poder dentro de su gobierno y se opuso al gobierno de Nur al-Din. Finalmente, la oportunidad de Saladino llegó en 1174, cuando murió Nur al-Din. Sus sucesores comenzaron inmediatamente a luchar por el dominio. El caos proporcionó a Saladino la oportunidad de anunciar que era el sultán de Egipto.

Sultán de Egipto

En cuanto Saladino se hizo con el control de Egipto, se propuso un objetivo mayor. Organizó su estado según la ley islámica y comenzó a eliminar la influencia chií en Egipto. Esto aumentó su reputación e influencia en el mundo musulmán, especialmente cuando declaró que era el protector de la ortodoxia suní. Saladino decidió que quería formar una coalición musulmana, lo que resultaría ser una tarea extremadamente difícil. El mundo musulmán estaba formado por estados muy independientes con sus propios gobernantes. Algunos de esos estados estaban formados por musulmanes chiíes, lo que significaba que Saladino tenía que superar las diferencias regionales y religiosas.

En algún momento de 1174, descubrió un complot para devolver a los fatimíes al poder, y se ocupó de los traidores de forma rápida y brutal. También construyó varias mezquitas y madrazas para ampliar la influencia suní en Egipto. Su popularidad entre los musulmanes suníes creció y nombró a musulmanes suníes para ocupar puestos en el gobierno y los tribunales. Saladino permitió que los egipcios tuvieran poder dentro de su gobierno, lo que le permitió conocer las tradiciones de la población egipcia. Fue famoso por su tolerancia hacia otras religiones y permitió que los cristianos coptos y los judíos siguieran practicando sus creencias. Durante el reinado de Saladino, la economía egipcia siguió floreciendo como lo había hecho durante el califato fatimí.

Coalición musulmana

En 1174, Saladino consiguió capturar Damasco, lo que supuso una hazaña impresionante. A partir de ahí, pasó a conquistar Alepo, Mosul y Yemen. Pronto llegó a controlar la región del mar Rojo, lo que le acercó un paso más a su objetivo final. Sin embargo, Saladino no se limitó a utilizar métodos militares para ganar nuevos territorios. Fue un hábil diplomático que fomentó sólidas relaciones con otros líderes, lo que le proporcionó muchos aliados. Para establecer la legitimidad de su gobierno, se casó con la viuda de Nur al-Din, ya que era hija de un gobernante anterior de Damasco. Saladino también se ganó el respeto generalizado del mundo musulmán al ponerse al frente de los esfuerzos por proteger el islam contra los cristianos invasores.

Aunque Saladino proclamaba ser un protector del islam, no tenía ningún problema en luchar contra los enemigos musulmanes. El califa de Bagdad reconoció la mayor parte de la autoridad de Saladino, pero Alepo quedó fuera de su alcance. Estaba gobernada por el hijo de Nur al-Din, quien demostró ser un peligroso enemigo. Saladino sobrevivió a numerosos atentados contra su vida. Los asesinos, o los ismaelitas nizaríes, eran una peligrosa secta musulmana que tenía varias fortalezas en Persia y Siria. Eran conocidos por elegir a líderes prominentes y luego enviar pequeños equipos de asesinos muy hábiles para matarlos. Saladino no vio con buenos ojos estos intentos y saqueó rápidamente un castillo de los asesinos en Masyaf, Siria. Finalmente, consiguió capturar Alepo en 1183 tras utilizar la flota egipcia. En 1186, Saladino controlaba Siria, Palestina y el norte de Mesopotamia, lo que le permitió unificar la mayor parte del mundo musulmán.

Guerra santa contra el cristianismo

Saladino se labró una impresionante reputación y proclamó que era el único que podía ganar la guerra contra los cruzados. A lo largo de su reinado, se enfrentó a los francos (como se llamaban entonces los cruzados de Europa) en la batalla en varias ocasiones. En 1177, perdió una batalla contra los francos, pero consiguió una pequeña victoria en 1179 en Marj Ayyun, donde pudo apoderarse de una importante fortaleza en el río Jordán.

Mientras Saladino se dedicaba a unificar el mundo musulmán, también intentaba demostrar que podía expulsar a los francos de las tierras musulmanas. Sin embargo, tuvo que centrarse primero en fortalecer sus propias tierras, ya que no podía ganar la guerra con éxito si estaba constantemente controlando sus fronteras. Esto significaba que tenía que contentarse con pequeñas batallas hasta que pudiera estar seguro de que sus propias fronteras eran seguras. La coalición musulmana con la que soñaba estaba a su alcance, pero también estaba claro que la coalición era algo frágil y se desmoronaría si no tenía cuidado.

En 1187, Saladino pudo finalmente centrar toda su atención en la guerra santa. En mayo de 1187, una fuerza dirigida por el hijo de Saladino, al-Afdal, atacó el castillo de Kerak, que estaba en manos de los francos. Mientras tanto, Saladino reunió un ejército formado por tropas de Alepo, Jazira, Siria y Egipto. Los francos se vieron obligados a movilizar sus propias fuerzas, y los dos ejércitos se encontraron en Hittin.

La batalla de Hittin

El 3 de julio de 1187, las fuerzas de Saladino iniciaron la batalla cuando sus arqueros montados dispararon repetidamente contra los francos, tras lo cual se retiraban y comenzaban a disparar de nuevo. Los francos se vieron obligados a avanzar bajo un ataque casi constante. El ejército de Saladino estaba formado por unos veinte mil hombres. Los francos estaban dirigidos por Guy de Lusignan, rey de Jerusalén. (El Reino de Jerusalén era el reino franco de Palestina. Se estableció en 1099 después de la Primera Cruzada). Los francos tenían 15.000 soldados y 1.300 caballeros. Saladino tenía una clara ventaja con su mayor ejército, pero también contaba con un flujo constante de suministros gracias a sus caravanas de camellos. Los francos, por su parte, se estaban quedando rápidamente sin agua.

Saladino y Guy de Lusignan
https://commons.wikimedia.org/wiki/File:Saladin_and_Guy.jpg

Saladino se dio cuenta de que los francos estaban pasando sed y ordenó a sus hombres que prendieran fuego a los arbustos secos que rodeaban el campo de batalla, lo que habría provocado una sed insoportable en los francos. Los francos estaban desesperados y habían logrado reunir su mayor ejército, pero fueron rápidamente superados por las fuerzas de Saladino. La formación de los francos se desmoronó, lo que permitió a las fuerzas musulmanas romper sus líneas y derrotar al ejército. Tras la batalla, Saladino ofreció a su nuevo cautivo, Guy de Lusignan, un sorbete helado. Saladino rescató a algunos nobles, pero ejecutó a los odiados nobles que habían atacado o saqueado a las comunidades musulmanas. También ejecutó a algunos de los caballeros hospitalarios y Templarios, ya que eran extremadamente peligrosos debido a su fanatismo. Los cautivos que no pudieron ser rescatados fueron vendidos como esclavos.

En septiembre de 1187, Saladino consiguió finalmente capturar Jerusalén. La victoria fue extremadamente importante, ya que Jerusalén era el premio simbólico para ambas religiones. Pidió rescate o vendió como esclavos a los cristianos occidentales. A los cristianos orientales se les permitió permanecer, pero la mayoría de sus iglesias fueron convertidas en mezquitas. La victoria de Saladino en Hittin y Jerusalén lo convirtió en un héroe en el mundo musulmán. Logró capturar otras ciudades en poder de los francos. Finalmente, los francos solo conservaron Tiro.

Tercera Cruzada

Los cruzados sufrieron pérdidas masivas durante el gobierno de Saladino, quien dejó claro que pretendía librar a Oriente Medio de los francos por completo. Cuando Saladino capturó Jerusalén, el papa Gregorio II persuadió a algunos de los reyes más poderosos de Europa para que emprendieran una guerra santa. Saladino estaba preparado para ello; también quería emprender una guerra santa, ya que esto pondría fin a la presencia de los cruzados. Tres reyes europeos respondieron a la llamada del papa, y pronto, Ricardo I de Inglaterra, Felipe II de Francia y Federico I Barbarroja, del Sacro Imperio Romano Germánico, se pusieron en camino hacia Oriente Medio.

Mientras tanto, Guy de Lusignan comenzó a sitiar Acre en agosto de 1189. Cuando llegó el ejército de Felipe y Ricardo, la batalla se decantó a favor de los cruzados. Lograron capturar la ciudad en 1191, junto con una gran parte de la armada de Saladino. Desde allí, los cruzados se dirigieron a Jerusalén. En septiembre de 1191, los cruzados y los musulmanes se encontraron en Arsuf y libraron una gran batalla. Los cruzados ganaron, y la reputación de Saladino quedó muy dañada debido a sus sucesivas pérdidas. Otros líderes musulmanes criticaron la reticencia de Saladino a atacar Tiro cuando tuvo la oportunidad, pero la estrategia de Saladino siempre había sido atacar al enemigo donde era débil y desgastarlo. Mientras los cruzados marchaban hacia Jerusalén, el ejército musulmán lanzaba ataques a pequeña escala y desgastó lentamente al ejército cristiano. Cuando los cruzados llegaron a Jerusalén, no estaban en condiciones de recuperar la ciudad. En 1192, Saladino acordó una tregua con Ricardo Corazón de León, que puso fin a la Tercera Cruzada.

Reputación

Durante su vida, Saladino empleó a varios biógrafos de talento que ayudaron a impulsar su reputación como líder generoso, justo, noble y caballeroso. Saladino también era conocido por disfrutar de la jardinería y la poesía. Fue aclamado como un héroe en el mundo musulmán por sus victorias contra los cruzados. Saladino cultivó con esmero su reputación de gobernante musulmán ideal que vivía según la ley islámica y gobernaba con justicia en los estados conquistados. Hay que señalar que Saladino era famoso por su tolerancia hacia otras religiones, y permitía que cristianos y judíos vivieran pacíficamente en su imperio. También optó por no masacrar a las poblaciones cristianas cuando recapturó el territorio de los francos. La mayoría de los historiadores suníes elogiaron enormemente a Saladino, y su reputación de líder militar competente y hombre piadoso perduraría mucho después de su muerte.

Los escritores cristianos también fueron positivos en sus descripciones del conquistador musulmán. Lo describen como un hombre razonable y generoso que permitió la libertad de muchos cristianos. Las sociedades europeas medievales hacían mucho hincapié en el valor de la caballería y la cortesía. Saladino era conocido por estas cualidades, que lo pintaban como un digno adversario de los cruzados.

Muerte

El final de la Tercera Cruzada y la salida de los cruzados significaron que Saladino había ganado con éxito la guerra santa, que había sido uno de sus objetivos más importantes. También había conseguido unificar los estados musulmanes en un poderoso imperio. Sin embargo, murió el 4 de marzo de 1193, apenas unos meses después de su tregua con Ricardo Corazón de León. Tenía unos cincuenta y cinco años. Probablemente murió de fatiga o agotamiento causado por sus extensas campañas militares. Por desgracia, su coalición musulmana no sobreviviría mucho tiempo después de su muerte. Una vez que Saladino murió, sus tres hijos tomaron el control de una parte de su imperio, a saber, Egipto, Alepo y Damasco. El resto del imperio se repartió entre otros miembros de la familia y altos funcionarios.

La dinastía ayubí siguió gobernando Egipto y Siria, pero fue derrocada por los mamelucos entre 1250 y 1260. La reputación de Saladino perduró en la literatura islámica y cristiana, y se mantuvo como ejemplo de caballería en Europa. El hecho de que su buena reputación se mantuviera incluso después de la desintegración de su imperio es un testimonio del poder que ejerció en vida.

Capítulo 16: Mubarak y Morsi

La política del antiguo Egipto suele ser una fuente de intenso estudio y fascinación, y con razón porque el antiguo Egipto era un imperio notable. La historia egipcia moderna también merece ser observada, ya que el país desempeña un papel importante en la economía mundial. Dos de los políticos más importantes de la historia moderna de Egipto son Hosni Mubarak y Mohamed Morsi. Ambos fueron políticos muy influyentes que dejaron una marca definitiva en su país. Ambos fueron presidentes durante el siglo XXI y a menudo estuvieron en el centro de la controversia política. Casualmente, ambos estuvieron involucrados en una revolución que terminó con su destitución del gobierno.

Mubarak gobernó durante décadas y era un político experimentado antes de que Egipto estallara en protestas que pedían su dimisión. Morsi era un ingeniero que ganó las primeras elecciones democráticas de Egipto, pero fue destituido a los pocos meses y obligado a ser juzgado. La gente sigue dividida sobre su legado, especialmente desde que Morsi murió entando recluido en un centro de detención. Hay muchas teorías e historias interesantes sobre estos hombres, lo que hace que merezca la pena investigar sus vidas.

Hosni Mubarak: Vida temprana

Hosni Mubarak nació en Kafr El-Meselha, gobernación de Menufia (Egipto), en mayo de 1928, y en su juventud ingresó en la academia militar egipcia. Se graduó en 1949 y recibió formación avanzada en vuelo y bombardeo en la Unión Soviética. Mubarak se licenció en ciencias de la aviación y sirvió en el escuadrón de cazas Spitfire durante dos años. Durante su estancia en las Fuerzas Aéreas egipcias, ocupó varios puestos de poder antes de convertirse en director de la academia del aire. Fue nombrado comandante en jefe de las fuerzas aéreas y viceministro de Defensa en 1972 por el presidente Anwar Sadat.

Mubarak desempeñó un papel importante en la guerra con Israel en 1973. Al principio de la guerra, la Fuerza Aérea egipcia sorprendió a las tropas israelíes en la orilla oriental del canal de Suez. El ataque fue extremadamente exitoso, ya que los pilotos egipcios alcanzaron la gran mayoría de sus objetivos. Como resultado de sus éxitos militares, Mubarak se hizo muy popular y fue ascendido a mariscal del aire. Las Fuerzas Aéreas egipcias desempeñaron un papel importante en la guerra, y demostraron ser una inyección de moral para las tropas terrestres egipcias.

General Hosni Mubarak
https://commons.wikimedia.org/wiki/File:General_Hosni_Mubarak.jpg

En 1975, Sadat nombró a Mubarak vicepresidente.

Vicepresidencia

Como vicepresidente de Egipto, Mubarak desempeñó un papel importante en las consultas del gobierno sobre los resultados de la guerra con Israel. Viajó en misión a Riad y Damasco para discutir el acuerdo de retirada entre Egipto e Israel. El objetivo de la misión era persuadir a los gobiernos de Siria y Arabia Saudí para que aceptaran el acuerdo. Durante este tiempo, Mubarak fomentó la amistad con el príncipe heredero saudí Fahd. También consiguió hacer poderosas amistades con otros líderes árabes.

Sadat enviaba a menudo a Mubarak a consultar con líderes extranjeros, por lo que formaba parte habitual de las reuniones delicadas del gobierno. Desempeñó un papel importante en las negociaciones de las políticas de Oriente Medio. Mubarak fue elegido para servir de mediador durante la disputa entre Argelia, Marruecos y Mauritania sobre el destino del Sahara Occidental. Sadat hizo un buen uso de Mubarak durante su vicepresidencia, y está claro que Mubarak aprovechó este tiempo para hacer importantes aliados.

Presidente de Egipto

Anwar Sadat fue asesinado el 6 de octubre de 1981, durante las celebraciones del aniversario de la guerra del Yom Kipur. Mubarak resultó herido durante el asesinato, pero pudo convertirse en el siguiente presidente de Egipto. Debido a la decisión de Sadat de negociar un tratado de paz con Israel, se suspendió la pertenencia de Egipto a la Liga Árabe al no estar de acuerdo con el plan de Sadat. Cuando Mubarak llegó a la presidencia, entabló negociaciones con el rey Fahd de Arabia Saudí. Egipto y Arabia Saudí eran dos fuerzas poderosas en el mundo árabe; Egipto estaba muy poblado, mientras que Arabia Saudí era extremadamente rica. En 1982, Arabia Saudí presentó un plan de paz egipcio que dictaba que Israel debía resolver el conflicto israelí-palestino garantizando la formación de un Estado palestino. A cambio, Israel estaría en paz con el mundo árabe. Durante la presidencia de Mubarak, fomentó las buenas relaciones con los demás países árabes y con Estados Unidos. También reafirmó el tratado de paz con Israel según los Acuerdos de Camp David, pero no tuvo la misma relación estrecha con Israel que su predecesor.

George W. Bush y Hosni Mubarak

En 1987, Mubarak fue elegido para un segundo mandato. Mubarak apoyó el plan saudí de invitar a la coalición militar estadounidense a recuperar Kuwait durante la crisis del golfo Pérsico y la consiguiente guerra. En 1993, Mubarak se enfrentó a los disturbios políticos de los partidos políticos de la oposición que querían introducir nuevas reformas electorales democráticas en Egipto. Los disturbios desembocaron en una guerra de guerrillas. Mubarak condenó las acciones de los fundamentalistas islámicos tras un atentado en Lúxor en 1997 en el que murieron sesenta turistas. Durante la mayor parte de su presidencia, fue un firme defensor de la paz en Oriente Medio.

Mubarak se enfrentó a intentos de asesinato en 1995 y 1999, el segundo de los cuales lo dejó ligeramente herido. En 1999, fue reelegido como presidente al presentarse sin oposición. En 2005 se celebraron las primeras elecciones presidenciales con varios candidatos, aunque estuvieron plagadas de informes sobre inconsistencias y baja participación. Como era de esperar, Mubarak fue reelegido para otro mandato.

Revolución y derrocamiento

En 2011, Egipto se vio envuelto en protestas generalizadas contra la presidencia de Mubarak, acosada por el aumento de la pobreza, además de las acusaciones de corrupción y tácticas policiales represivas. Los manifestantes pidieron la dimisión de Mubarak, y la policía se enfrentó violentamente a los manifestantes. Millones de egipcios protestaron contra Mubarak y pidieron su dimisión inmediata. Durante la revolución murieron 846 personas y más de 6.000 resultaron heridas. El 28 de enero, Mubarak pronunció un discurso en el que anunciaba que no tenía intención de dimitir; sin embargo, pretendía introducir un cambio político disolviendo su gabinete. También prometió promover otros cambios políticos y sociales, pero sus promesas no sirvieron para detener a los manifestantes. Para ganarse la confianza de los manifestantes, Mubarak nombró al primer vicepresidente de su presidencia, Omar Suleiman. Luego anunció que no participaría en las elecciones presidenciales egipcias de septiembre de 2011.

Protestas en Egipto (25 de enero de 2011)
Adam Makary, CC BY-SA 2.0 https://creativecommons.org/licenses/by-sa/2.0 vía Wikimedia Commons;
https://commons.wikimedia.org/wiki/File:Egyptian_Revolution_protests_(25_January_201 1)_-_03_-_Flickr_-_Al_Jazeera_English.jpg

El 10 de febrero de 2011, Mubarak cedió a Suleiman algunas de sus funciones, pero en lugar de dimitir inmediatamente como querían los manifestantes, declaró que seguiría siendo presidente hasta el final de su mandato. También afirmó que reformaría el sistema electoral. Al día siguiente, se marchó a su casa en la península del Sinaí. Ese mismo día, Suleiman se dirigió a la nación y dijo al pueblo que Mubarak había dimitido y que dejaba al Consejo Supremo de las Fuerzas Armadas el control del gobierno. El anuncio dio lugar a celebraciones en la plaza Tahrir y otros centros urbanos.

Muerte

Después de que Mubarak se viera obligado a abandonar su cargo, el gobierno comenzó a tomar medidas contra antiguos funcionarios y empresarios acusados de corrupción o abuso de poder. Pronto se pidió que se investigara al ex presidente, ya que la familia Mubarak había sido acusada de robar dinero del Estado y ocultarlo en cuentas en el extranjero. Los hijos de Mubarak, Alaa y Gamal, fueron investigados. Mubarak negó las graves acusaciones a las que se enfrentaban él y su familia. El 12 de abril, al parecer, sufrió un ataque cardíaco masivo que provocó su internamiento en un hospital de Sharm el-Sheikh. Se determinó que el ex presidente estaba demasiado débil para ser trasladado a una prisión.

En mayo se anunció que Mubarak sería juzgado por abusos de poder y por ordenar el asesinato de manifestantes durante la revolución. Mubarak asistió a su juicio en una cama de hospital y negó todos los cargos. En enero de 2012, se anunció que los fiscales tenían la intención de solicitar la pena de muerte para el ex presidente. En junio de ese año, el tribunal declaró que Mubarak había sido cómplice de la muerte de los manifestantes. Fue condenado a cadena perpetua. Fue absuelto de los cargos de corrupción, pero en enero de 2013, el tribunal anunció que Mubarak debía ser juzgado de nuevo por corrupción y por los asesinatos de los manifestantes. Más adelante, ese mismo año, fue trasladado a un hospital militar de El Cairo. En 2014, Mubarak recibió una condena de tres años por malversación de fondos públicos, mientras que sus hijos recibieron una condena de cuatro años. Sin embargo, el tribunal desestimó posteriormente las acusaciones de que Mubarak era responsable de la muerte de los manifestantes. En enero de 2020, Mubarak fue ingresado en el hospital para ser operado, pero murió en febrero a la edad de noventa y un años.

Mohamed Morsi: Vida temprana

Mohamed Morsi nació en la gobernación de Al-Sharqiyyah en Egipto el 8 de agosto de 1951. Procedía de un entorno humilde; su padre era agricultor y su madre era ama de casa. En la década de 1960 comenzó a estudiar en la Universidad de El Cairo y se licenció en ingeniería con altos honores. En 1976, completó el servicio militar en el ejército egipcio, donde sirvió en la unidad de guerra química. Una vez terminado el servicio militar, volvió a la Universidad de El Cairo, donde obtuvo un máster en ingeniería metalúrgica en 1978. También obtuvo una beca que le permitió completar sus estudios en Estados Unidos, donde se doctoró en ciencias de los materiales en la Universidad del Sur de California. Cuando regresó a Egipto, se convirtió en profesor de la Universidad de Zagazig.

Mohamed Morsi

Morsi se convirtió en diputado en el año 2000. Fue miembro de la Oficina de Orientación de los Hermanos Musulmanes y se presentó como candidato independiente al parlamento, ya que los

Hermanos Musulmanes tenían prohibido presentarse al gobierno. En 2011, los Hermanos Musulmanes fundaron el Partido de la Libertad y la Justicia, y Morsi se convirtió en su primer presidente. Condenó la solución de dos estados del conflicto entre Israel y Palestina, condenó los atentados del 11-S y criticó a Estados Unidos por invadir Afganistán e Irak tras los ataques. Sus opiniones fueron apoyadas por muchos egipcios, pero fue duramente criticado por sus enemigos. Morsi fue detenido durante las protestas de enero de 2011, pero consiguió escapar de la cárcel.

Presidente de Egipto

Tras la dimisión de Mubarak, se permitió al Partido de la Libertad y la Justicia presentarse a las elecciones. En abril de 2012, Morsi se convirtió en el candidato del partido. Era la segunda opción del partido, pero su predecesor, Khairat al-Shater, fue descalificado. Morsi ganó las elecciones; sin embargo, el gobierno militar interino hizo una declaración constitucional en junio que esencialmente le quitaba la mayor parte de la autoridad al presidente. El Tribunal Constitucional Supremo también disolvió la Asamblea Popular, dirigida por los Hermanos Musulmanes. A pesar de ello, Morsi juró su cargo el 30 de junio.

Como presidente, Morsi revocó la declaración constitucional del gobierno militar interino, y varios miembros del consejo se retiraron al mismo tiempo. En noviembre de 2012, Morsi ayudó a negociar un alto el fuego entre Israel y Hamás (una organización fundamentalista y nacionalista suní palestina) en la Franja de Gaza, lo que le valió elogios internacionales. Sin embargo, más tarde emitió un decreto que estipulaba que su autoridad no estaría sujeta a ninguna supervisión judicial hasta que se estableciera una constitución permanente. El decreto eliminaba la capacidad del tribunal para supervisar la Asamblea Constituyente, encargada de elaborar una nueva constitución. Esta medida provocó protestas generalizadas, en las que los egipcios afirmaron que Morsi se estaba convirtiendo en un dictador.

En medio de las protestas, Morsi retiró algunos de sus decretos, aunque mantuvo el decreto que impedía la eliminación de la Asamblea Constituyente. La Asamblea Constituyente había creado un proyecto de constitución, que fue elaborado por musulmanes sin la aportación de miembros cristianos o laicos. En diciembre, Morsi declaró la ley marcial, que permitía a los militares detener a cualquiera que consideraran una amenaza, y el proyecto de constitución fue aprobado por los votantes. Morsi se enfrentó a una oposición abrumadora durante su mandato, y muchos de sus oponentes no estaban abiertos a las negociaciones, lo que obligó al presidente a tomar medidas drásticas.

Derrocamiento y juicio

La presidencia de Morsi estuvo plagada de un deterioro de la situación política, un declive de los servicios públicos y un debilitamiento de la economía. Estos fracasos suscitaron duras críticas y, el 30 de junio de 2013, se produjeron protestas contra Morsi en todo el país. Las protestas se fueron descontrolando y pronto se pidió su destitución. En julio, el jefe de las Fuerzas Armadas egipcias, el general Abdel Fattah al-Sisi, decidió tomar medidas decisivas. Anunció que, a menos que Morsi fuera capaz de aplacar a los manifestantes, los militares se verían obligados a intervenir para evitar que el país cayera en la anarquía.

La situación de Morsi era cada vez más precaria. Morsi se ofreció a negociar con los manifestantes, pero declaró que no dimitiría de su cargo. Rechazó el ultimátum de los militares y declaró que encontraría su propio camino para reconciliar a la nación.

Protestas contra Morsi en la plaza Tahrir
Y. Weeks/VOA, dominio público, vía Wikimedia Commons;
https://commons.wikimedia.org/wiki/File:Thousands_of_people_gather_in_Tahrir_Square
to protest_Egyptian_President_Mohamed_Morsi_-_30-Nov-2012.jpg

Dos días después, los militares destituyeron a Morsi de su cargo y suspendieron la Constitución. Morsi y muchos de sus colegas de la Hermandad Musulmana fueron encarcelados. Los partidarios de Morsi estallaron en protestas por su destitución, especialmente porque los partidarios de Morsi estaban siendo reprimidos. En julio y agosto, los militares se enfrentaron violentamente a los manifestantes. Murieron más de mil manifestantes, la mayoría de ellos en la plaza Rabaa al-Adawiya. En septiembre, los Hermanos Musulmanes volvieron a ser ilegalizados. Al-Sisi dejó entonces el ejército y se convirtió en el presidente egipcio en 2014.

Morsi tuvo que ser juzgado por incitar a los partidarios de los Hermanos Musulmanes a matar a los manifestantes durante una protesta contra Morsi y por connivencia con grupos extranjeros, como Hamás y la Guardia Revolucionaria de Irán. Durante el juicio, Morsi declaró que las acusaciones eran falsas y que seguía siendo el legítimo presidente de Egipto. El proceso fue ampliamente denunciado y criticado.

Muerte

En abril de 2015, Morsi fue declarado culpable de incitar a la violencia contra los manifestantes contrarios a Morsi y condenado a veinte años de prisión. También fue acusado de conspirar para cometer actos de terrorismo en Egipto y fue condenado a cadena perpetua. Además, fue condenado a muerte por cometer actos de violencia durante una fuga masiva de presos en enero de 2011. En 2016, un tribunal egipcio ordenó un nuevo juicio y anuló la condena a muerte. Mientras se iniciaba el nuevo juicio, Morsi seguía en la cárcel. Por desgracia, las condiciones eran deplorables y no se le permitió acceder a una atención médica adecuada. Las condiciones de la prisión provocaron el deterioro de la salud de Morsi, y el 17 de junio de 2019 se desplomó en el tribunal y murió.

En respuesta, las Naciones Unidas pidieron una investigación independiente sobre la muerte de Morsi. Las mezquitas de todo el mundo hicieron oraciones especiales por el ex líder egipcio. Muchos gobiernos extranjeros denunciaron el golpe y culparon al gobierno egipcio de la muerte de Morsi. Los Hermanos Musulmanes afirmaron que a Morsi no se le permitió recibir visitas regulares de aliados o familiares y que no se le proporcionaron los medicamentos necesarios. Al parecer, los detalles de su salud se habían mantenido en secreto.

El Partido Libertad y Justicia responsabilizó al gobierno egipcio de la «muerte deliberada y lenta» de Morsi. Afirmaron que Morsi fue puesto en régimen de aislamiento, alimentado con comida repugnante y no se le concedieron los derechos humanos básicos. Sus aliados también pidieron una investigación internacional independiente sobre Morsi, diciendo que los resultados deberían ponerse a disposición del público. Mohamed Morsi fue enterrado por su familia en el cementerio Al-Wafaa Wa al-Amal de El Cairo. Hasta el momento, esta investigación independiente no se ha producido, pero aún podría ocurrir en el futuro.

Conclusión

Egipto es un país seductor que atrae a millones de turistas para ver sus espectaculares monumentos históricos. El país ha soportado cambios climáticos que amenazaron su seguridad y transformaron sus estructuras sociales, religiosas y económicas. Cada uno de estos cambios supuso una nueva era en la historia egipcia y tuvo un profundo efecto en el país y en sus vecinos. Este libro ofrece una visión general de la historia de Egipto y hace un recorrido por los acontecimientos antiguos, medievales y modernos que marcaron la identidad del país.

Exploramos el antiguo Egipto, y la era de las pirámides y los faraones. Vimos cómo Egipto cambió irremediablemente cuando Alejandro Magno entró en escena. A su muerte, su vasto imperio se dividió entre sus herederos, y Ptolomeo I aprovechó su oportunidad para apoderarse de Egipto. Durante esta época, Egipto recibió un fuerte impacto de la cultura helenística, y Alejandría se convirtió en una potencia intelectual en el Mediterráneo. Los ptolomeos fueron responsables de la construcción de monumentos legendarios, como la Biblioteca de Alejandría y el Faro de Alejandría.

Con el tiempo, Egipto se convirtió en una provincia romana y más tarde formó una parte vital del Imperio bizantino. Para entonces, el cristianismo estaba bien establecido en Egipto y se había convertido en la religión del Estado. Durante el periodo medieval, Egipto fue invadido por el califato Rashidun, que estableció el islam como nueva religión estatal. Egipto fue gobernado por varios gobernantes musulmanes, como los abasíes, los fatimíes, los mamelucos y los otomanos. Cada dinastía gobernante dejó su huella en el arte y la arquitectura egipcios, lo que dio lugar a la compleja diversidad que aún domina el paisaje egipcio moderno.

Egipto es un país magnífico con una poderosa historia que se estudiará durante años. Al aprender más sobre su pasado, una persona puede ampliar sus conocimientos sobre algunos de los acontecimientos más importantes de la historia mundial.

Vea más libros escritos por Enthralling History

BILLY WELLMAN

LA ANTIGUA
PERSIA

UNA APASIONANTE VISIÓN DEL IMPERIO PERSA AQUEMÉNIDA

ENTHRALLING HISTORY

Bibliografía:

Título: Who were the mysterious Neolithic people that enabled the rise of ancient Egypt? Here's what we've learned on our digs
Link: https://theconversation.com/who-were-the-mysterious-neolithic-people-that-enabled-the-rise-of-ancient-egypt-heres-what-weve-learned-on-our-digs-121070
Fecha de acceso: 12/4/22

Título: Upper Egypt
Link: https://www.britannica.com/place/Upper-Egypt
Fecha de acceso: 12/4/22

Título: Lower Egypt
Link: https://www.britannica.com/place/Lower-Egypt
Fecha de acceso: 12/4/22

Título: Narmer
Link: https://www.worldhistory.org/Narmer/
Fecha de acceso: 12/4/22

Título: Old Kingdom of Egypt
Link: https://www.worldhistory.org/Old_Kingdom_of_Egypt/
Fecha de acceso: 12/4/22

Título: Djoser
Link: https://www.worldhistory.org/Djoser/
Fecha de acceso: 12/4/22

Título: First Intermediate Period of Egypt

Link: https://www.worldhistory.org/First_Intermediate_Period_of_Egypt/

Fecha de acceso: 12/4/22

Título: The Great Pyramids of Giza

Link: https://www.khanacademy.org/humanities/ap-art-history/ancient-mediterranean-ap/ancient-egypt-ap/a/old-kingdom-the-great-pyramids-of-giza

Fecha de acceso: 12/4/22

Título: Snefru

Link: https://www.britannica.com/biography/Snefru

Fecha de acceso: 12/4/22

Título: Imhotep

Link: https://www.worldhistory.org/imhotep/

Fecha de acceso: 12/4/22

Título: Horus

Link: https://www.britannica.com/topic/Horus

Fecha de acceso: 12/4/22

Título: Seth

Link: https://www.britannica.com/topic/Seth-Egyptian-god

Fecha de acceso: 15/4/22

Título: Isis

Link: https://www.britannica.com/topic/Isis-Egyptian-goddess

Fecha de acceso: 15/4/22

Título: Middle Kingdom of Egypt

Link: https://www.worldhistory.org/Middle_Kingdom_of_Egypt/

Fecha de acceso: 15/4/22

Título: Mentuhotep II

Link: https://www.britannica.com/biography/Mentuhotep-II

Fecha de acceso: 15/4/22

Título: Ancient Egypt's Middle Kingdom Period

Link: https://www.thoughtco.com/ancient-egypt-middle-kingdom-period-118155

Fecha de acceso: 15/4/22

Título: Amenemhet I

Link: https://www.britannica.com/biography/Amenemhet-I

Fecha de acceso: 15/4/22

Título: Senusret III

Link: https://www.worldhistory.org/Senusret_III/

Fecha de acceso: 15/4/22

Título: Amenemhet III

Link: https://www.britannica.com/biography/Amenemhet-III

Fecha de acceso: 15/4/22

Título: Sebeknefru

Link: https://www.britannica.com/biography/Sebeknefru

Fecha de acceso: 15/4/22

Título: Turin Papyrus

Link: https://www.britannica.com/topic/Turin-Papyrus

Fecha de acceso: 18/4/22

Título: New Kingdom of Egypt

Link: https://www.worldhistory.org/New_Kingdom_of_Egypt/

Fecha de acceso: 19/4/22

Título: Hyksos

Link: https://www.worldhistory.org/Hyksos/

Fecha de acceso: 19/4/22

Título: No one expected this pharaoh to found Egypt's most powerful dynasty

Link: https://www.nationalgeographic.com/culture/article/ahmose-i

Fecha de acceso: 19/4/22

Título: Hatshepsut

Link: https://www.worldhistory.org/hatshepsut/

Fecha de acceso: 19/4/22

Título: Thutmose III: The Napoleon of Ancient Egypt

Link: https://discoveringegypt.com/ancient-egyptian-kings-queens/thutmose-iii-the-napoleon-of-ancient-egypt/

Fecha de acceso: 19/4/22

Título: Amenhotep III

Link: https://www.worldhistory.org/Amenhotep_III/

Fecha de acceso: 19/4/22

Título: Akhenaten

Link: https://www.livescience.com/39349-akhenaten.html

Fecha de acceso: 19/4/22

Título: Tutankhamun

Link: https://www.britannica.com/biography/Tutankhamun

Fecha de acceso: 19/4/22

Título: Ramses I

Link: https://www.britannica.com/biography/Ramses-I

Fecha de acceso: 19/4/22

Título: Ramesses II

Link: https://www.worldhistory.org/Ramesses_II/

Fecha de acceso: 19/4/22

Título: Ramses III

Link: https://www.britannica.com/biography/Ramses-III

Fecha de acceso: 19/4/22

Título: The Rise of the Ramessides: How a Military Family from the Nile Delta Founded One of Egypt's Most Celebrated Dynasties

Link: https://www.arce.org/resource/rise-ramessides-how-military-family-nile-delta-founded-one-egypts-most-celebrated

Fecha de acceso: 19/4/22

Título: The Cult of Amun

Link: https://www.archaeology.org/issues/174-1505/features/3146-sudan-nubia-dangeil-cult-of-amun-ra

Fecha de acceso: 21/4/22

Título: Third Intermediate Period of Egypt

Link: https://www.worldhistory.org/Third_Intermediate_Period_of_Egypt/

Fecha de acceso: 21/4/22

Título: Egypt from 1075 BCE to Macedonian Invasion

Link: https://www.britannica.com/place/ancient-Egypt/Egypt-from-1075-bce-to-the-Macedonian-invasion

Fecha de acceso: 21/4/22

Título: Nubian Pharaohs of Twenty-Fifth Dynasty Egypt

Link: https://www.thoughtco.com/nubian-pharaohs-wenty-fifth-dynasty-egypt-3989880

Fecha de acceso: 21/4/22

Título: Late Period of Ancient Egypt

Link: https://www.worldhistory.org/Late_Period_of_Ancient_Egypt/

Fecha de acceso: 21/4/22

Título: Alexander in Egypt and Some Consequences

Link: https://www.jstor.org/stable/3853895?read-now=1&refreqid=excelsior%3Aa4de2b1b0f39bc3a48400199287264b9&seq=1

Fecha de acceso: 21/4/22

Título: Esarhaddon and Egypt: An Analysis of the First Invasion of Egypt

Link: https://www.jstor.org/stable/43074609?read-now=1&refreqid=excelsior%3A02412609704e33c923c78df7b5939f7d&seq=1

Fecha de acceso: 21/4/22

Título: Alexander the Great Egypt History

Link: https://www.journeytoegypt.com/en/blog/alexander-the-great

Fecha de acceso: 21/4/22

Título: The Battle of Pelusium: A Victory Decided by Cats

Link: https://www.worldhistory.org/article/43/the-battle-of-pelusium-a-victory-decided-by-cats/

Fecha de acceso: 21/4/22

Título: Ptolemaic Dynasty

Link: https://www.worldhistory.org/Ptolemaic_Dynasty/

Fecha de acceso: 21/4/22

Título: Ptolemy I

Link: https://www.worldhistory.org/Ptolemy_I/

Fecha de acceso: 21/4/22

Título: Hellenic Culture in Egypt

Link: https://www.jstor.org/stable/3853691

Fecha de acceso: 21/4/22

Título: Roman Egypt

Link: https://www.worldhistory.org/Roman_Egypt/

Fecha de acceso: 21/4/22

Título: Cleopatra

Link: https://www.britannica.com/biography/Cleopatra-queen-of-Egypt

Fecha de acceso: 21/4/22

Título: The Battle of Actium

Link: https://www.history.com/this-day-in-history/the-battle-of-actium

Fecha de acceso: 21/4/22

Título: Vespasian

Link: https://www.britannica.com/biography/Vespasian

Fecha de acceso: 21/4/22

Título: Diocletian

Link: https://www.worldhistory.org/Diocletian/

Fecha de acceso: 21/4/22

Título: Egypt's role in the Byzantine Empire

Link: https://www.britannica.com/place/ancient-Egypt/Egypts-role-in-the-Byzantine-Empire

Fecha de acceso: 21/4/22

Título: Bubonic Plague Traced to Ancient Egypt

Link: https://www.nationalgeographic.com/science/article/bubonic-plague-traced-to-ancient-egypt

Fecha de acceso: 29/4/22

Título: Egypt from the Islamic Conquest to 1250

Link: https://www.britannica.com/place/Egypt/From-the-Islamic-conquest-to-1250

Fecha de acceso: 29/4/22

Título: Rashidun

Link: https://www.britannica.com/topic/Rashidun

Fecha de acceso: 29/4/22

Título: Islamic Egypt Time-line

Link: https://www.ucl.ac.uk/museums-static/digitalegypt/chronology/islamic.html

Fecha de acceso: 29/4/22

Título: The Abbasid Empire

Link: https://courses.lumenlearning.com/atd-herkimer-worldcivilization/chapter/the-abbasid-empire/

Fecha de acceso: 29/4/22

Título: Fatimid Dynasty

Link: https://www.britannica.com/topic/Fatimid-dynasty

Fecha de acceso: 29/4/22

Título: The Ottoman Conquest of Egypt (1517) and the Beginning of the Sixteenth-Century World War

Link: https://www.jstor.org/stable/162225?read-now=1&refreqid=excelsior%3Ae70bd594a54955011cfd60ba9e33c592&seq=1

Fecha de acceso: 29/4/22

Título: Sasanian dynasty

Link: https://www.britannica.com/topic/Sasanian-dynasty

Fecha de acceso: 29/4/22

Título: Post- Byzantine Egypt

Link: https://courses.lumenlearning.com/suny-hccc-worldcivilization/chapter/post-byzantine-egypt/

Fecha de acceso: 2/5/22

Título: Mamluks

Link: https://www.newworldencyclopedia.org/entry/Mamluks

Fecha de acceso: 2/5/22

Título: Egyptian Views of Ottoman Rule: Five Historians and Their Works, 1820-1920

Link: https://read.dukeupress.edu/cssaame/article-abstract/31/1/149/59700/Egyptian-Views-of-Ottoman-Rule-Five-Historians-and

Fecha de acceso: 3/5/22

Título: The Ottomans (1517-1798)

Link: https://www.britannica.com/place/Egypt/The-Ottomans-1517-1798

Fecha de acceso: 3/5/22

Título: The Campaign in Egypt

Link: https://www.napoleon.org/en/history-of-the-two-empires/articles/the-campaign-in-egypt/

Fecha de acceso: 3/5/22

Título: Napoleon's military defeat in Egypt yielded a victory for history

Link: https://www.nationalgeographic.co.uk/history-and-civilisation/2021/01/napoleons-military-defeat-in-egypt-yielded-a-victory-for-history

Fecha de acceso: 3/5/22

Título: Battle of the Nile

Link: https://www.britannica.com/event/Battle-of-the-Nile

Fecha de acceso: 3/5/22

Título: Ottoman Empire

Link: https://www.history.com/topics/middle-east/ottoman-empire#:~:text=Decline%20of%20the%20Ottoman%20Empire,-Starting%20in%20the&text=In%201683%2C%20the%20Ottoman%20Turks,the%20Ottoman%20Empire%20in%201830.

Fecha de acceso: 3/5/22

Título: Biography of Suleiman the Magnificent, Sultan of the Ottoman Empire

Link: https://www.thoughtco.com/suleiman-the-magnificent-195757

Fecha de acceso: 3/5/22

Título: From the French to the British occupation (1798-1882)

Link: https://www.britannica.com/place/Egypt/From-the-French-to-the-British-occupation-1798-1882

Fecha de acceso: 3/5/22

Título: The Nature of Plague in Late-Eighteenth Century Egypt

Link: https://www.jstor.org/stable/44448549

Fecha de acceso: 3/5/22

Título: The Ottoman Response to the Egyptian Crisis of 1881-82

Link: https://www.jstor.org/stable/4283219

Fecha de acceso: 3/5/22

Título: Muhammed 'Ali

Link: https://rpl.hds.harvard.edu/faq/muhammad-%E2%80%98ali

Fecha de acceso: 3/5/22

Título: Icelandic Volcano Caused Historic Famine in Egypt, Study Shows

Link: https://www.sciencedaily.com/releases/2006/11/061121232204.htm

Fecha de acceso: 3/5/22

Título: Abbas II

Link: https://www.britannica.com/biography/Abbas-II-khedive-of-Egypt

Fecha de acceso: 3/5/22

Título: WWI in Egypt: A forgotten sacrifice for colonial powers

Link: https://egyptindependent.com/wwi-egypt-forgotten-sacrifice-colonial-powers/#:~:text=Egypt%20was%20drawn%20in%20the,the%20residents%20of%20the%20city.

Fecha de acceso: 3/5/22

Título: Egypt

Link: https://courses.lumenlearning.com/boundless-worldhistory/chapter/egypt/

Fecha de acceso: 3/5/22

Título: Wafd

Link: https://www.encyclopedia.com/history/asia-and-africa/egyptian-history/wafd

Fecha de acceso: 3/5/22

Título: Saad Zaghloul

Link: https://www.britannica.com/biography/Saad-Zagloul

Fecha de acceso: 3/5/22

Título: World War II and its aftermath

Link: https://www.britannica.com/place/Egypt/World-War-II-and-its-aftermath

Fecha de acceso: 3/5/22

Título: Gamal Abdel Nasser elected president of Egypt

Link: https://www.history.com/this-day-in-history/nasser-elected-president

Fecha de acceso: 3/5/22

Título: Egypt: from revolution to coup to crisis, a timeline

Link: https://www.trtworld.com/africa/egypt-from-revolution-to-coup-to-crisis-a-timeline-37581

Fecha de acceso: 3/5/22

Título: Egypt President Abdul Fattah al-Sisi: Ruler with an iron grip

Link: https://www.bbc.com/news/world-middle-east-19256730

Fecha de acceso: 3/5/22

Título: Anwar Sadat

Link: https://www.britannica.com/biography/Anwar-Sadat

Fecha de acceso: 5/5/22

Título: Social Structure in Ancient Egypt

Link: https://www.worldhistory.org/article/1123/social-structure-in-ancient-egypt/

Fecha de acceso: 5/5/22

Título: Ottoman Cairo

Link: https://www.laits.utexas.edu/cairo/history/ottoman/ottoman.html

Fecha de acceso: 5/5/22

Título: Clothing and Adornment

Link: https://www.historymuseum.ca/cmc/exhibitions/civil/egypt/egcl06e.html

Fecha de acceso: 5/5/22

Título: Ancient Egyptian Law

Link: https://www.worldhistory.org/Egyptian_Law/

Fecha de acceso: 5/5/22

Título: Who were the Mamluks?

Link: https://www.historytoday.com/miscellanies/who-were-Mamluks

Fecha de acceso: 5/5/22

Título: Roman Egypt

Link: https://www.metmuseum.org/toah/hd/regy/hd_regy.htm

Fecha de acceso: 5/5/22

Título: Roman and Byzantine Egypt: background information

Link: https://www.ucl.ac.uk/museums-static/digitalegypt/roman/background.html

Fecha de acceso: 5/5/22

Título: The Ptolemaic Dynasty

Link: https://www.khanacademy.org/humanities/whp-origins/era-3-cities-societies-and-empires-6000-bce-to-700-c-e/36-the-growth-of-empires-betaa/a/read-the-ptolemaic-dynasty-beta

Fecha de acceso: 5/5/22

Título: Society in the Byzantine Empire

Link: https://www.worldhistory.org/article/1214/society-in-the-byzantine-empire/#:~:text=Byzantine%20society%2C%20as%20in%20that,were%20an%20even%20lower%20category).

Fecha de acceso: 5/5/22

Título: Social Structure of the Ottoman Empire

Link: https://www.thoughtco.com/social-structure-of-the-ottoman-empire-195766#:~:text=People%20associated%20with%20the%20Ottoman,members%20of%20the%20other%20professions.

Fecha de acceso: 5/5/22

Título: Christian Monks and Muslim Villagers in medieval Egypt: A Library of Congress Story

Link: https://blogs.loc.gov/kluge/2019/06/christian-monks-and-muslim-villagers-in-medieval-egypt-a-library-of-congress-story/

Fecha de acceso: 5/5/22

Título: Medieval Muslim Societies

Link: https://www.khanacademy.org/humanities/world-history/medieval-times/social-institutions-in-the-islamic-world/a/medieval-muslim-societies#:~:text=Muslim%2Dmajority%20and%20Muslim%2Druled,by%20smaller%2C%20decentralized%20regional%20powers.

Fecha de acceso: 5/5/22

Título: Why the Nile River Was So Important to Ancient Egypt

Link: https://www.history.com/news/ancient-egypt-nile-river#:~:text=The%20Nile%2C%20which%20flows%20northward,the%20midst%20of%20a%20desert.

Fecha de acceso: 6/5/22

Título: Impact of the Nile River on Ancient Egypt

Link: https://pages.vassar.edu/realarchaeology/2017/04/09/impact-of-the-nile-river-on-ancient-egypt/

Fecha de acceso: 6/5/22

Título: The Nile and Egyptian Religion

Link: https://courses.lumenlearning.com/atd-fscj-earlyhumanities/chapter/the-nile-and-egyptian-religion/

Fecha de acceso: 6/5/22

Título: Nilus

Link: https://www.greekmythology.com/Other_Gods/Minor_Gods/Nilus/nilus.html

Fecha de acceso: 6/5/22

Título: Ancient Egyptian Mythology

Link: https://www.worldhistory.org/Egyptian_Mythology/

Fecha de acceso: 6/5/22

Título: Hapi

Link: https://www.britannica.com/topic/Hapi

Fecha de acceso: 6/5/22

Título: Plant and Animal Life

Link: https://www.britannica.com/place/Nile-River/Plant-and-animal-life

Fecha de acceso: 6/5/22

Título: Quest for the Source of the Nile

Link: https://earthobservatory.nasa.gov/images/7236/quest-for-the-source-of-the-nile#:~:text=Beginning%20in%20the%20mid%2D1800s,the%20Nile's%20%E2%80%9Ctrue%E2%80%9D%20source.

Fecha de acceso: 6/5/22

Título: The Nile's Source Discovered

Link: https://www.historytoday.com/archive/nile%E2%80%99s-source-discovered#:~:text=John%20Hanning%20Speke%20discovered%20the,Nile%20on%20August%203rd%2C%201858.&text=John%20Hanning%20Speke%2C%20an%20army,at%20the%20age%20of%20seventeen.

Fecha de acceso: 6/5/22

Título: The Ancient Egyptian Economy

Link: https://rosenlearningcenter.com/article/689/the-ancient-egyptian-economy?username=rosensample&password=rosensample#:~:text=Agriculture%20made%20up%20a%20major,papyrus%2C%20stone%2C%20and%20gold.

Fecha de acceso: 6/5/22

Título: Oceanus' Family

Link: https://www.greekmythology.com/Titans/Oceanus/oceanus.html

Fecha de acceso: 6/5/22

Título: Khnum

Link: https://www.britannica.com/topic/Khnum

Fecha de acceso: 6/5/22

Título: Ancient Egyptian Religion

Link: https://courses.lumenlearning.com/suny-hccc-worldcivilization/chapter/ancient-egyptian-religion/#:~:text=The%20religion%20of%20Ancient%20Egypt,control%20the%20forces%20of%20nature.

Fecha de acceso: 6/5/22

Título: Egyptian Gods- The Complete List

Link: https://www.worldhistory.org/article/885/egyptian-gods---the-complete-list/

Fecha de acceso: 6/5/22

Título: The Emergence of Christianity in Egypt

Link: https://dailynewsegypt.com/2013/06/19/the-emergence-of-christianity-in-egypt/

Fecha de acceso: 6/5/22

Título: Christian Cairo

Link: https://www.laits.utexas.edu/cairo/history/babylon/babylon.html

Fecha de acceso: 6/5/22

Título: History of Egypt from the 7th Century

Link: https://www.introducingegypt.com/modern-history

Fecha de acceso: 6/5/22

Título: Jewish Life in Ancient Egypt

Link: https://www.brooklynmuseum.org/opencollection/exhibitions/752#:~:text=Jews%20lived%20peacefully%20among%20the,its%20lack%20of%20ethnic%20tensions.

Fecha de acceso: 6/5/22

Título: Serapis

Link: https://www.worldhistory.org/Serapis/

Fecha de acceso: 6/5/22

Título: The Cult of Alexander at Alexandria

Link: https://www.jstor.org/stable/263514

Fecha de acceso: 6/5/22

Título: Islam in Egypt

Link: https://rpl.hds.harvard.edu/faq/islam-egypt

Fecha de acceso: 6/5/22

Título: Diocletian, Persecution Of

Link: https://www.encyclopedia.com/religion/encyclopedias-almanacs-transcripts-and-maps/diocletian-persecution

Fecha de acceso: 6/5/22

Título: Fatimids Caliphate

Link: https://www.newworldencyclopedia.org/entry/Fatimids_Caliphate

Fecha de acceso: 6/5/22

Título: What's The Difference Between Sunni and Shi'a Muslims

Link: https://cresresearch.ac.uk/comment/whats-difference-sunni-shia-muslims/#:~:text=Sunnis%20focus%20on%20following%20the,parts%20of%20the%20Middle%20East.

Fecha de acceso: 6/5/22

Título: Byzantine Egypt and the Coptic Period, an Introduction

Link: https://smarthistory.org/egypt-coptic-period-introduction/

Fecha de acceso: 7/5/22

Título: 8 Facts About Ancient Egypt's Hieroglyphic Writing

Link: https://www.history.com/news/hieroglyphics-facts-ancient-egypt

Fecha de acceso: 7/5/22

Título: Tombs

Link:
https://www.historymuseum.ca/cmc/exhibitions/civil/egypt/egca02e.html#:~:text=The%20first%20royal%20tombs%2C%20called,that%20have%20long%20since%20disappeared.

Fecha de acceso: 7/5/22

Título: Pyramids at Giza

Link: https://www.nationalgeographic.com/history/article/giza-pyramids

Fecha de acceso: 7/5/22

Título: Inside the Tombs of Saqqara

Link: https://www.smithsonianmag.com/history/inside-tombs-saqqara-180977932/

Fecha de acceso: 7/5/22

Título: Uncovering Secrets of the Sphinx

Link: https://www.smithsonianmag.com/history/uncovering-secrets-of-the-sphinx-5053442/

Fecha de acceso: 7/5/22

Título: Ancient Egyptian Fortresses

Link: https://weaponsandwarfare.com/2018/09/20/ancient-egyptian-fortresses/

Fecha de acceso: 7/5/22

Título: The New Kingdom

Link: https://courses.lumenlearning.com/boundless-arthistory/chapter/the-new-kingdom/#:~:text=There%20are%20six%20great%20temples,sandstone%20from%20south%2Dwestern%20Egypt.

Fecha de acceso: 7/5/22

Título: Copt

Link: https://www.britannica.com/topic/Copt

Fecha de acceso: 7/5/22

Título: The Transition from Coptic to Arabic

Link: https://journals.openedition.org/ema/1920

Fecha de acceso: 7/5/22

Título: Discovering the wonder of Egypt's Islamic architecture

Link: https://www.arabnews.com/node/1044981/art-culture

Fecha de acceso: 7/5/22

Título: Akhenaten

Link: https://www.worldhistory.org/Akhenaten/

Fecha de acceso: 7/5/22

Título: Tutankhamun

Link: https://www.history.com/topics/ancient-history/tutankhamen

Fecha de acceso: 7/5/22

Título: How Did King Tut Die?

Link: https://www.history.com/news/king-tut-death-mystery

Fecha de acceso: 7/5/22

Título: Ay

Link: https://www.britannica.com/biography/Ay-king-of-Egypt

Fecha de acceso: 7/5/22

Título: Howard Carter

Link: https://www.britannica.com/biography/Howard-Carter

Fecha de acceso: 7/5/22

Título: The Discovery of King Tut's Tomb

Link: https://www.thoughtco.com/tomb-of-king-tut-discovered-1779242

Fecha de acceso: 7/5/22

Título: Archaeologist opens tomb of King Tut

Link: https://www.history.com/this-day-in-history/archaeologist-opens-tomb-of-king-tut

Fecha de acceso: 7/5/22

Título: Tutankhamun's Curse?

Link: https://www.historytoday.com/archive/months-past/tutankhamuns-curse

Fecha de acceso: 7/5/22

Título: Horemheb

Link: https://www.britannica.com/biography/Horemheb

Fecha de acceso: 9/5/22

Título: Tutankhamun

Link: https://www.britannica.com/biography/Tutankhamun

Fecha de acceso: 9/5/22

Título: Smenkhkare

Link: https://www.britannica.com/biography/Smenkhkare

Fecha de acceso: 9/5/22

Título: Ankhesenamun

Link: https://www.britannica.com/biography/Ankhesenamen

Fecha de acceso: 9/5/22

Título: Desperately Seeking Queen Nefertiti

Link: https://www.nationalgeographic.com/adventure/article/150814-nefertiti-tomb-tutankhamun-tut-archaeology-egypt-dna

Fecha de acceso: 9/5/22

Título: The Queen Who Would Be King

Link: https://www.smithsonianmag.com/history/the-queen-who-would-be-king-130328511/

Fecha de acceso: 9/5/22

Título: Who was Hatshepsut?

Link: https://www.nationalgeographic.com/culture/article/hatshepsut

Fecha de acceso: 9/5/22

Título: Hatshepsut

Link: https://www.history.com/topics/ancient-history/hatshepsut

Fecha de acceso: 9/5/22

Título: Hatshepsut

Link: https://www.worldhistory.org/hatshepsut/#:~:text=Hatshepsut%20(r.,her%20stepson%20Thutmose%20III%20(r.

Fecha de acceso: 9/5/22

Título: Cleopatra

Link: https://www.history.com/topics/ancient-history/cleopatra

Fecha de acceso: 9/5/22

Título: Arsinoe IV (D. 41 BCE)

Link: https://www.encyclopedia.com/women/encyclopedias-almanacs-transcripts-and-maps/arsinoe-iv-d-41-bce

Fecha de acceso: 9/5/22

Título: Cleopatra: Biography of the last pharaoh of ancient Egypt

Link: https://www.livescience.com/44071-cleopatra-biography.html

Fecha de acceso: 9/5/22

Título: Cleopatra

Link: https://www.worldhistory.org/Cleopatra_VII/#:~:text=Cleopatra%20VII%20(l.%20c.%2069%2D30,of%20Alexander%20the%20Great%20(l.

Fecha de acceso: 9/5/22

Título: Saladin
Link: https://www.britannica.com/biography/Saladin
Fecha de acceso: 10/5/22

Título: Saladin
Link: https://www.history.com/topics/africa/saladin
Fecha de acceso: 10/5/22

Título: Saladin
Link: https://www.worldhistory.org/Saladin/
Fecha de acceso: 10/5/22

Título: The Assassins
Link: https://www.worldhistory.org/The_Assassins/
Fecha de acceso: 10/5/22

Título: Why does Saladin have such good PR in the Medieval West?
Link: https://www.medievalists.net/2014/09/saladin-good-pr-medieval-west/
Fecha de acceso: 10/5/22

Título: Hosni Mubarak
Link: https://www.britannica.com/biography/Hosni-Mubarak
Fecha de acceso: 10/5/22

Título: Hosni Mubarak, Egyptian Leader Ousted in Arab Spring, Dies at 91
Link: https://www.nytimes.com/2020/02/25/world/africa/hosni-mubarak-dead.html
Fecha de acceso: 10/5/22

Título: Egypt's former President Hosni Mubarak dies at 91
Link: https://www.aljazeera.com/news/2020/2/26/egypts-former-president-hosni-mubarak-dies-at-91
Fecha de acceso: 10/5/22

Título: Mohamed Morsi
Link: https://www.britannica.com/biography/Mohamed-Morsi
Fecha de acceso: 10/5/22

Título: Mohamed Morsi, Who Brought the Muslim Brotherhood to the Egyptian Presidency
Link: https://www.newyorker.com/news/news-desk/mohamed-morsi-who-brought-the-muslim-brotherhood-to-the-egyptian-presidency
Fecha de acceso: 10/5/22

Título: Mohamed Morsi

Link: https://www.aljazeera.com/tag/mohamed-morsi/

Fecha de acceso: 10/5/22

Título: Mohamed Morsi's death: World Reaction

Link: https://www.aljazeera.com/news/2019/6/18/mohamed-morsis-death-world-reaction

Fecha de acceso: 10/5/22

Título: Italian Invasion of Egypt in WWII

Link: https://about-history.com/italian-invasion-of-egypt-in-wwii/

Fecha de acceso: 28/6/22

www.ingramcontent.com/pod-product-compliance
Lightning Source LLC
LaVergne TN
LVHW051732080426
835511LV00018B/3013